학생글로 배우는

글쓰기

학생글로 배우는 글쓰기

초판 1쇄 펴낸날 2015년 9월 15일

지은이 | 김주환
펴낸이 | 홍지연
펴낸곳 | 도서출판 우리학교
편집 | 김영숙 김나윤 소이언 전신애
디자인 | 남희정
마케터 | 박영경
관리 | 한미정
인쇄 | 이펙피엔피

등록 | 제321-2009-4호(2009년 1월 5일)
주소 | 04085 서울시 마포구 토정로 46 청우빌딩 6층
전화 | 02-6012-6094~5
팩스 | 02-6012-6092
전자우편 | school@woorischool.co.kr

값 18,000원

ISBN 978-89-94103-93-8 03370

학생글로 배우는

글쓰기

김주환 지음

우리학교

글쓰기는 의사소통이다

글쓰기 지도를 한 지도 어언 이십여 년이 지났다. 그 이십여 년 동안 나는 중학교와 고등학교에서 글쓰기를 가르쳤고, 이제는 대학에서 글쓰기 지도를 하고 있다. 처음 중학교에서 글쓰기 지도를 할 때는 어떻게 해야 하는지 잘 몰랐기 때문에 그저 학생들에게 많은 글을 쓰도록 하고, 좋은 글을 뽑아서 읽어 주었을 뿐이다. 그런데 학생들의 글을 읽으면서 교실에서 보던 아이들과 글을 통해서 만난 아이들이 너무나 다르다는 것을 깨닫게 되었다. 교실에서는 철없는 개구쟁이 같던 남자아이들도 글을 통해서 만나면 너무나 대견스럽기 짝이 없었다.

학생들의 글을 읽는 것은 매우 흥미로운 일이었기 때문에 나는 매 학기 시작할 때마다 수행평가 계획을 수립해서 학생들에게 다양한 글쓰기 기회를 제공하려고 노력했다. 그러나 모든 학생들의 글이 흥미로운 것은 아니었다. 그 이후 나는 어떻게 하면 학생들이 좀 더 흥미로운 글을 쓰도록 할 것인가에 관심을 갖게 되었다. 학생들이 쓴 글을 분석해서 유능한 학생들이 사용하는 글쓰기 전략이 무엇인지를 살펴보기도 하였다.

그러다가 대학에 와서 본격적으로 다양한 작문 이론을 공부하고 학생들을 지도하면서 지금까지 나의 글쓰기 지도가 지나치게 낭만적이었다는 것을 깨달았다. 그저 학생들에게 다양한 과제를 주어 글쓰기를 시키고 평가하는 것이 전부였기 때문이다. 많이 써 봐야 잘 쓸 수 있다는 경험주의적인 원칙에서 한 발짝도 나아가지 못했다. 그러나 글쓰기 과제를 주고 평가하는 것만으로는 글쓰기에 익숙하지 못한 학생들의 발전을 기대하기가 힘들었다.

글쓰기는 독자와 상황에 맞게 내용을 선정·조직하고, 글쓰기의 관습과 규칙에 맞게 표현하는 일련의 복잡한 과정으로 이루어진다. 학생들은 이러한 작문의 과정과 관습을 이해하고 자신의 글쓰기에서 다양한 전략을 활용할 수 있어야 한다. 그러나 교과서에는 작문에 대한 다양한 지식이 매우 추상적인 수준으로만 제시되어 있어 학생 개개인의 글쓰기를 개선하는 데 도움을 주지 못하고 있다. 따라서 실제 학교에서의 글쓰기 지도는 교사 개인의 경험에 의존할 수밖에 없다.

그러나 교사 개인의 경험에만 의존하는 글쓰기 지도는 학생들을 잘못된 방향으로 이끌어 갈 수 있다. 교사 개인의 글쓰기에 대한 관점과 취향이 강할 경우 학생들이 갖고 있는 다양한 글쓰기의 가능성을 제약할 수 있기 때문이다. 따라서 교사의 글쓰기 지도는 글쓰기 이론에 의해 뒷받침될 필요가 있으며, 교실에서의 글쓰기 이론 또한 실제 글쓰기 활동을 통해서 보다 정교하게 다듬어질 필요가 있다.

이 책은 교실에서의 글쓰기 실천과 최근의 다양한 작문 이론 간의 접합을 시도한 것이다. 1부 글쓰기의 기초 지식에서는 글쓰기가 궁극적으로 독자와의 의사소통 행위라는 측면에서 글쓰기 과정에서 갖추어야 할 인식과 활용 가능한 전략을 다루었다. 2부 글쓰기의 다양한 장르에서는 학교에서 주로 많이 활용하는 장르를 중심으로 적용 가능한 글쓰기 전략을 다루었다. 이 책에서는 이론에 대한 설명을 시도하지 않고 실제 학생들이 쓴 다양한 글을 통해서 글쓰기의 이론이나 개념들이 어떻게 활용될 수 있는지를 보여 주고자 했다. 따라서 이 책은 자신의 글쓰기를 개선하고자 하는 학생들에게는 이론적 지침을 제공하고, 학생들의 글쓰기를 지도하고자 하는 교사들에게는 풍부한 사례를 제공할 것이다.

학생들이 글쓰기를 힘들어 하는 이유는 글쓰기는 무언가 '특별한 것'을 창조해야 한다고 생각하기 때문이다. 이 책은 글쓰기가 '특별한 것'을 창조하는 과정이 아니라 말하기와 마찬가지로 '독자와 소통하는 과정'이라는 것을 깨닫도록 하는 데 초점을 두었다.

글은 말과 같은 의사소통의 수단이지만, 때때로 말보다 더 깊이 있는 영혼의 교감을 가능하게 하는 힘이 있다. 매일 장난만 치는 말썽꾸러기 학생의 머릿속에 얼마나 대견한 생각이 자리하고 있는지는 글을 보기 전에는 알 수 없다. 남을 배려하지 않는 폭력적인 언어가 난무하는 시대에 독자와 소통하는 글쓰기는 우리에게 좀 더 섬세하고 논리적이며, 사려 깊은 의사소통 능력을 길러 줄 것이라 믿는다.

이 책에는 중학생과 고등학생, 대학생 등 내 수업에서 만난 다양한 학생들의 글이 실려 있다. 그들이 이 책의 또 다른 저자들이다. 내 수업에 참여했던 모든 학생들에게 감사한다.

2015년 8월 김주환

1부 —— 글쓰기의 기초 지식

2부 ── 글쓰기의 다양한 장르

1부
글쓰기의 기초 지식

말하기와 글쓰기

글의 목적

독자

내용 선정

내용 조직

관찰과 표현

주장과 근거

문장 쓰기

고쳐 쓰기

01

글은
글자로 쓴 말이다

말하기와 글쓰기 ―

글쓰기란 종이에 대고 말하기
혹은 종이에 대고 생각하기이다.

– 브랜다 유랜드 –

말하는 것과 글 쓰는 것은 자신의 생각과 감정을 표현한다는 점에서는 비슷하지만 사용하는 매체와 상황이 다르다. 말하기는 목소리를 사용해서 뜻을 상대방에게 전달한다. 목소리는 말하는 사람의 입에서 나와서 듣는 사람의 귀로 전달되기 때문에 말하는 사람과 듣는 사람은 서로 가까이 있어야 한다. 말하기는 상대방의 얼굴을 볼 수 있기 때문에 억양이나 표정, 몸짓을 이용해 다양한 의미와 감정의 전달이 가능하다. 또한 듣는 사람과 말하는 사람은 서로 주고받으면서 대화를 함께 만들어 가기 때문에 말하는 사람의 부담이 적다.

그러나 글쓰기는 손을 사용해서 종이에다 글자를 써야 하고, 그것을 독자가 읽어야 그 의미를 이해할 수 있다. 필자가 글을 완료하고 난 다음에야 독자는 그 글을 읽을 수 있기 때문에 필자와 독자는 말하는 이와 듣는 이처럼 직접적으로 상호작용을 할 수 없다. 독자의 직접적인 도움 없이 오직 필자 혼자서만 글쓰기를 완료해야 하기 때문에 글쓰기는 말하기보다 필자의 부담이 훨씬 크다.

백지를 앞에 두고 글을 써야 하는 사람은 마치 하얀 벽을 앞에 두고 혼자서 이야기를 하는 사람과 같다. 하얀 벽만 보고 있으면 머릿속도 하얗게 변할 뿐이니 얼마나 답답한 노릇이겠는가? 글쓰기의 고통은 바로 상대방의 도움 없이 홀로 문제를 해결해야 하는 상황에서 비롯된다. 그렇기 때문에 만약 상대방을 옆에 데려다 놓을 수 있다면 글쓰기의 고통도 상당히 줄어들 것이다. 그런데 혼자서 글을 써야 하는 상황인데 어떻게 상대방을 옆에 데려다 놓을 수 있을까?

사실 우리는 누구나 아주 쉽게 원하는 사람을 불러와서 옆에 두고 말을 할 수 있는 능력이 있다. 대통령도 부를 수 있고 소크라테스나 공자님을 불러올 수도 있고, 심지어 하느님도 불러올 수 있다. 그렇다. 약간의 상상력만 발휘하면 누구든지 불러올 수 있을 뿐만 아니라 자기 자신도 다양한 인물로 변신할 수 있다. 역설적이게도 말하기는 상대방이 옆에 있기 때문에 다양한 상상력을 발휘하기 어렵지만 글쓰기에서는 오히려 상대방이 없기 때문에 상상을 통해서 다양한 사람들과 대화하는 것이 가능하다.

자, 그럼 이제 여러분 앞에 놓인 하얀 종이 위에서 말을 건네고 싶은 사람을 떠올려 보라. 그러면 그 사람에게 하고 싶은 말이 조금씩 떠오를 것이다. 여러분의 손은 흰 종이에 검은 글자를 써 내려가지만 머릿속에서는 끊임없이 상대방과 대화를 이어 나가고 있다. 여러분이 머릿속에서 독자와 나눈 이야기를 글자로 적어 놓은 것이 바로 글이다. 하얀 종이를 매개로 여러분은 다양한 사람들과 만나서 대화를 나눌 수 있다. 어떤 사람을 만나서 어떤 대화를 나눌 것인지는 전적으로 여러분의 선택이다.

다음 시는 수업 시간에 한 학생이 5분이 채 안 돼서 제출한 것이다.

시험

이준영(장위중 1)

미쳐 버려

미쳐 버려

시험 때매

미쳐 버려

존나 맞아

존나 맞아

시험 때매

존나 맞아

지겨워라

지겨워라

시험 때매

지겨워라

대빵 혼나

대빵 혼나

시험 때매

대빵 혼나

"와, 준영이가 정말 훌륭한 시를 썼네. 아주 훌륭해!"라고 칭찬을 했다.

"선생님, 뭐라고 썼는지 읽어 주세요."

시를 읽어 주니까 아이들이 매우 재미있어 했다. 이 시에는 시험 때문에 고통받는 화자 자신의 생각과 감정이 잘 드러나 있다. 아이들이 특히 재미있어 했던 것은 평소 이 학생이 하던 말투가 시에 그대로 반영되어 있었기 때문이다.

이 학생은 하얀 종이 위에서 친구들을 떠올리고는 시험에 대한 불만을 이야기했다. 그리고 그 말을 그대로 글자로 옮겨 놓았다. 그렇기 때문에 5분 만에 자연스럽게 한 편의 시를 완성할 수 있었다. 이 학생의 시에 자신의 말투가 그대로 살아 있는 것도 그가 친구들에게 한 말을 그대로 적었기 때문이다.

어떤가? 글 쓰는 것이 매우 쉬워 보이지 않는가? 이 학생의 글보다 더 쉽게 글을 쓴 경우도 있다.

시험

또 봐?

이 시 또한 십여 년 전에 많은 학생들과 선생님들에게 촌철살인의 감동을 안겨 준 작품이다. 이 말은 학생들이 평소에 하는 냉소적인 말을 그대로 글자로 옮겨 놓았을 뿐이다. 이것을 말로 들었다면 그냥 짜증스런 느낌뿐이었겠지만, 이렇게 글자로 옮겨 놓으니까 매우 흥미로운 시가 되었다. 단 두 글자와 물음표로 시험에 대한 학생들의 불만과 스트레스를 압축적으로 잘 드러냈다고 할 수 있다. 이처럼 우리가 늘 하던 말도 글자로 옮겨 놓으면 또 다른 의미를 갖게 되는 경우가 많다.

_____에 대하여 서술하시오

문지민

_____과 관련 없는 것은?
_____에 해당하는 것을 두 개 고르시오.
_____에 대하여 서술하시오.
다음 보기 중 알맞은 것은?

이 몇 줄은 살인범이다.
학생을 죽이고 선생을 죽이며 부모를 죽인다.
닥치는 대로 죽인다.
감정 없는 저 글은 세상을 죽인다.

_____에 대하여 서술하시오.

이 시에도 우리가 흔히 보던 말이 사용되었다. 이 학생은 백지 위에서 시험지를 떠올리고는 검사가 되어서 시험의 죄상을 고발하고 있는 것 같다. 친구나 선생님을 떠올리지 않고 시험지를 소환해서 검사의 말투로 시험지의 죄를 선고하는 듯하다. 화자가 하고 싶은 말은 학생들 누구나 하고 싶은 말이기 때문에 공감이 간다. 그런데 평소의 자기 말투가 아니라 검사의 목소리를 흉내 낸 것은 그것이 시험의 죄상을 밝히는 데 더 효과적이라고 판단했기 때문일 것이다. 기발한 발상이라고 할 수 있다.

이처럼 우리는 머릿속에서 다양한 상상이 가능하다. 학교에서 하는

나 더러 수필을 쓴다니 --;;

2○○년 9.29일 수 첫교시부터 운리다.
정말 싫다. 2교시 사물 잠이 솔솔온다.
그런데 자면 다음 시간이 한현이어서
올라가야 되서 잠을 자지 않았다. 꾿꿋이
참다가 모르고 자서 10분 잤다. 그리고
한현을 들었다. 내내 좋았다. 그리고
옆에서 풀잠을 잤다. 다음시간 점심
시간 밥을 먹고 죽구함? 이 딱았다.
또 다음시간 수학 영화를 본다. 친구한테
벨려서 또 다음시간 영화를 마져본다.
드디어 마지막 6교시 동학시간 또 나타나서
아 또 발표내용 감표감 감문을 쓰겠지 했는데

나 더러 수필을 쓴단다

--;;;

글쓰기라고 해도 친구나 선생님에게만 말을 걸 필요는 없다. 책상에게 말을 걸 수도 있고, 강아지에게 말을 걸 수도 있다. 반대로 자신이 강아지가 되어 주인에게 하고 싶은 말을 해 볼 수도 있고, 핸드폰이 되어서 사람들에게 하고 싶은 말을 해 볼 수도 있다. 머릿속 상상의 세계에는 무궁무진한 이야기들이 숨어 있다. 그 상상의 세계를 하얀 종이 위로 불러들여 그대로 글자로 옮겨 적으면 되는 것이다.

왼쪽 사진 속의 글은 수필 쓰기 시간에 한 학생이 제출한 글이다. 수필 읽기를 끝내고 우리도 수필을 써 보자고 하면서 자신이 겪은 일을 바탕으로 한 편의 수필을 쓰도록 했다. 그런데 교실 맨 끝에서 늘 자거나 장난을 치거나 혹은 결석을 일삼던 한 학생이 "선생님, 저 수필 다 썼어요."라고 하며 이 글을 제출하는 것이 아닌가? 나는 대견하기도 하고 흥미롭기도 해서 그가 쓴 글을 읽어 보았다. 그런데 아, 고등학교 2학년 교실에서는 좀처럼 만나기 힘든 대박이 아닌가.

"10점 만점에 10점짜리가 나왔네, 심봤다!"라고 한 뒤 글을 읽어 주니 모든 학생들이 배꼽을 잡고 웃었다. 이 수필에는 이 학생의 학교생활이 온전히 들어 있었기 때문이다. "수필을 쓰라고 했는데 너는 시를 썼구나."라고 하며 칭찬을 했다.

이 학생의 글은 맞춤법이 엉망이라 쉽게 이해하기 어렵다. 그러나 이 학생의 글에는 할 말이 분명히 드러나 있을 뿐만 아니라 그 말이 공감할 수 있도록 타당하게 제시되어 있다. 이 학생은 하얀 종이에다가 수필 쓰기를 시킨 선생님을 떠올리며 "나한테 수필을 쓰라는 게 말이 되느냐?"라고 항변하고 있다. 그런데 그 이유가 참으로 재미있다. 매 시간마다 자거나 딴짓하는 자신의 모습을 자세히 묘사해서 보여 준 것이다. 보통 학생들이라면 자신의 치부라고 생각해서 감추었을 법한데 이 학생은 솔직하게 있는 그대로 드러냈다. 그런데 자기를 부끄럽게 여기지 않고 솔직하게 드러내는 모습에서 오히려 당당함이 느껴진다.

글쓰기는 독자와의 의사소통 행위이다. 필자는 독자와 직접 만나 소통하는 것이 아니라 글을 통해 간접적으로 소통하기 때문에 오히려 창의적으로 다양한 의사소통이 가능하다. 누구든지 대화의 상대방으로 모셔 올 수 있고, 다양한 목소리로 말을 건넬 수 있다. 필자가 대면하는 백지는 공포의 문이 아니라 상상의 세계로 인도하는 문이다. 하얀 종이 위에 말하고 싶은 상대방을 떠올려 보면 그에게 하고 싶은 말이 자연스럽게 솟아날 것이다. 따라서 글쓰기는 상상력을 풍부하게 하고 사고력을 정교하게 하는 데 도움을 준다.

1. 다음 시를 읽고 누구에게 무엇을 이야기하려고 한 것인지 이야기해 보자.

가로등

모두가 잠든 사이
밝게 빛나는
너의 얼굴

어둠의 장막을
거두어들일 듯한
그 환한 미소

시린 새벽을
어루만지던
따스한 손길

햇살 한 줌에
모두 흩어져버렸다.

2. 다음 글을 읽고 이 학생의 '할 말'이 무엇인지 찾아보자.

학교 건물

우리 학생들은 학교 건물 안에서 생활한다. 우리가 공부하고 생활하는 학교 건물들은 너무나 단순하고 평범하다. 내가 버스를 타고 가다가 보면 여러 학교 건물들이 나오는데 거의 비슷비슷하다. 학교 건물은 자기 학교를 상징할 수도 있다. 그래서 학교 건물은 개성이 필요하고 또 학교 건물에 대한 사람들의 생각도 바뀌어야 한다.

우리가 생활하고 있는 학교 건물은 너무 형식적이다. 어떤 면이든 거의 그렇다. 색깔은 거의 갈색, 회색 등이고 모양은 ㄷ, ㄴ, ㅡ자 모양이나 두 개의 건물로 되어 있는 것이 대부분이다. 그리고 창문도 모두 직사각형이나 정사각형이며, 벽 색깔도 하얀색을 칠한 학교가 많다. 문도 거의 직사각형 모양이다.

학교 건물은 형식적인 것보다는 자기 학교를 상징할 수 있도록 개성적인 것이 필요하다. 예를 들면 우리 학교 교복이 파란 줄무늬니까 건물을 파란 줄무늬로 색칠하고 파란 줄무늬 속에 우리 학교 마크를 넣어 만들면 훨씬 보기가 좋을 것이다. 그리고 우리 학교는 ㄷ자 모양이다. 이것을 바꾸어 '성내'의 '성'을 따서 ㅅ이나 ㅇ자 모양의 학교를 만든다면 훨씬 학교 다니기가 좋아질 것이다.

사람들은 학교 건물은 점잖고 잠잠해야만 된다고 생각하기 쉽다. 그리고 학교 건물은 너무 요란하지 않아야 된다고 생각할 것이다. 사실 학교 건물이 요란하다고 해서 우리 학생들에게 피해가 있으리라는 보장도 없다. 학교 건물은 각 학교마다 개성이 필요하고 바뀌어야 할 필요가 있다. 학교 건물을 보다 개성을 살려 만든다면 학교 다니는 게 훨씬 재미있을 것이다.

02

글쓰기는
목적 지향적인 행위이다

글의 목적 —

영감이 찾아오길 기다려선 안 된다.
몽둥이를 들고 그걸 쫓아가야 한다.

- 잭 런던 -

글을 쓸 때는 항상 글을 써야 하는 이유나 목적이 있게 마련이다. 물론 별다른 목적 없이 그때그때의 생각과 느낌을 끄적거릴 때도 있을 것이다. 그러나 과제를 제출하거나 누군가에게 읽히기를 바라는 글쓰기에서는 독자가 알아주었으면 좋겠다고 생각하는 바가 있게 마련이다. 그것이 바로 필자에게는 글을 쓰는 목적이 된다. 글쓰기의 목적은 독자에게 어떤 영향을 미치고자 하느냐에 따라 '설명하는 글', '설득하는 글', '정서 표현의 글' 세 가지로 나눌 수 있다. 설명하는 글은 독자가 잘 모르는 사실이나 정보에 대해서 알려 주는 것을 목적으로 하고, 설득하는 글은 독자로 하여금 어떤 행동을 하도록 하는 데 그 목적이 있다. 정서 표현의 글은 말 그대로 필자 자신의 정서를 표현하여 독자에게 감동을 주는 데 그 목적이 있다.

우리가 쓰는 글들은 대체로 이 세 가지 범주에 포함되는 경우가 많다. 학교에서 과제로 내주는 글쓰기 중 조사 보고서 같은 글들은 새로운 정보나 사실을 발굴하여 소개하는 데 그 목적이 있기 때문에 설명하는 글에 속하며, 학교나 사회에서 일어나는 문제에 대해서 건의하거나 주장하는 글은 설득하는 글에 속한다. 또한 생활글이나 독서 감상문은 정서 표현의 글에 속한다고 할 수 있다. 그러나 이러한 글의 목적에 대한 구분이 칼로 자르듯이 명확한 것은 아니다. 경우에 따라 설명과 설득이 섞여 있는 경우도 있고, 정서 표현과 설득이 섞여 있을 수도 있다.

중요한 것은 글쓰기 상황에서 독자에게 어떤 영향을 미칠 것인지를 분명히 의식하면서 쓸 때 글쓰기의 성공 가능성도 높아진다는 것이다. 예를 들어 선생님이 독서 감상문을 써 오라고 했다고 하자. 한 학생은 읽은 책의 줄거리를 정리한 다음 느낀 점을 간단히 써서 제출했다. 그리고 다른 학생은 인물이나 사건에 대해 자신이 느낀 점을 중심으로 감상문을 써서 제출했다. 어떤 독서 감상문이 더 좋은 평가를 받을까? 물론 글을 어떻게 썼느냐에 따라서, 그리고 선생님에 따라서 반응이 다를 수 있겠지만 대체로 뒤의 학생이 더 좋은 평가를 받을 가능성이 높다.

왜냐하면 앞 학생의 독서 감상문을 통해서는 이 학생이 책을 읽었구나 하는 정도는 파악할 수 있지만 책의 내용을 학생이 어떻게 이해했는지는 파악하기가 어렵기 때문이다. 그러나 뒤 학생의 독서 감상문을 통해서는 학생이 어떻게 이해했는지를 좀 더 자세히 파악할 수 있다. 교사들은 대체로 학생이 책을 제대로 읽고 책의 내용을 자신의 경험과 관련 짓는다든지 다양한 생각을 하기를 기대한다. 이러한 글쓰기의 상황 맥락을 이해한다면 책에 대한 자신의 생각과 느낌을 자세히 표현하는 방향으로 글쓰기의 목적을 설정하는 것이 적절할 것이다. 이런 맥락에 대한 인식이 없이 그저 습관적으로 줄거리를 요약하고 느낀 점을 간단히 적을 경우 좋은 평가를 기대하기 어려울 것이다.

다음은 정보 전달을 목적으로 쓴 글이다.

나에게 가장 소중한 것

나에게 가장 소중한 것이 무엇이냐고 묻는 질문에 여러 가지가 떠올랐다. 힘들 때 내 편이 되어 주는 가족사진 등 한참을 생각하다가 문득 플래너가 떠올랐다. 현재 나의 목표와 꿈을 향해서 시간을 헛되이 낭비되지 않게 해 주는 플래너가 가장 소중한 것으로 생각이 된다. 또한 나의 플래너에는 그날 겪은 중요한 사건이나 짧은 성찰도 적혀 있으니 더욱더 소중한 물건인 것 같다. 플래너를 작성한 지는 얼마 되지 않았다. 중·고등학교 시절에는 학교라는 틀에 갇혀 매번 반복되는 일상이기 때문에 작성할 필요를 느끼지 못한 것 같다. 하지만 학업 플래너는 꾸준히 작성한 것 같다. 나의 목표와 꿈이 생기고, 그것을 실현하기 위해 본격적으로 플래너를 작성하기 시작한 시기는 수능을 치고 난 작년 12월 말쯤이 아닌가 생각이 든다. 본격적인 인생의 첫걸음인 대학교를 결정하는 순간부터 작성해 오기 시작했던 것이다.

이렇게 매일 플래너를 작성하는 한 사람으로서 플래너를 작성하지 않고 살아가는 사람들에게 꼭 플래너를 작성하기를 권유하고 싶다. 플래너를 작성하는 것이 도움이 많이 된다고 생각하기 때문이다. 먼저 플래너를 작성하기 위해서는 자신이 이루고자 하는 꿈, 목표를 설정해야 한다. 자신이 이루고자 하는 꿈이나 목표를 정했다면 그 목표와 꿈을 이루기 위한 일들을 정하고, 그러한 일들을 하루의 일정에 계획하여 차근차근 이루어 나간다면 좀 더 구체적으로 실천해 나갈 수 있다고 생각한다. 무작정 하루를 보내는 것이 아니라 오늘은 무엇을 꼭 달성해야 하고 무엇이 중요한 일인지를 알게 한다. 또한 하루를 마무리할 때 자신이 오늘 계획한 일을 달성했다면 성취감을 느낄 수 있을 것이다. 플래너에 성취감을 적거나 반성해야 할 점들을 적는다면 더욱더 소중한 플래너가 될 것이다. 나중에 그 목표를 이루고 난 뒤 작성한 플래너를 다시 보았을 때 내가 어떠한 노력을 했고 열심히 살아왔는지를 볼 수 있다. 이러한 이유들로 플래너 작성을 해 보기 바란다.

이 학생은 자신이 가장 소중하게 생각하는 물건으로 플래너를 정했는데, 첫 단락에서 플래너를 소중하게 생각하는 이유와 언제부터 플래너를 작성하게 되었는지를 소개했다. 그런데 플래너를 중·고등학교 때는 사용하지 않았다고 하고선 바로 뒤에서 학업 플래너는 꾸준히 작성했다고 한다. 플래너와 학업 플래너가 같은 것인지 아닌지 혼란스러운 상황인데도 이에 대해서 전혀 설명하지 않고 있을 뿐만 아니라 플래너에 대한 추가적인 정보를 더 제공하지도 않고 바로 플래너 작성을 권유하는 것으로 글을 마무리 짓고 있다.

다시 살펴보면 첫 단락에서는 플래너를 소중하게 생각하는 이유와 플래너를 사용하기 시작한 시기에 대해 설명하다가 둘째 단락으로 넘어가면서 갑자기 다른 사람들에게 플래너 사용을 설득하고 있다. 글을 쓰는 목적이 앞 단락과 뒷 단락에서 서로 달라진 것이다. 이 학생은 아마 플래너에 대해 구구절절 설명하는 것보다는 다른 사람들이 플래너를 쓰도록 설득하는 것이 더 중요하다고 생각했기 때문에 설득 모드로 돌아섰을 것이다. 그러나 다른 사람들이 플래너를 사용하도록 설득하기를 바란다고 하더라도 플래너가 도움이 된다고 일방적으로 주장하기보다는 자신의 플래너가 어떻게 생겼으며, 어떻게 사용했는지를 자세히 알려 주는 것이 설득하는 데에도 훨씬 효과적이다.

애초에 이 학생이 과제로 받은 것은 자신이 소중하게 생각하는 물건을 다른 사람에게 소개하는 글을 쓰라는 것이었다. 그런데도 이 학생은 오히려 플래너에 대한 설명보다는 설득하는 데 더 많은 에너지를 쏟고 있다. 이 글을 왜 써야 하는지, 독자에게 무엇을 제공해야 하는지에 대한 인식이 불명확한 채 생각나는 대로 글을 썼기 때문에 이렇게 혼란스러운 글이 되어 버린 것이다. 글을 쓴다는 것은 그저 머릿속에 떠오르는 생각을 글로 전환시키는 기계적인 활동이 아니다. 과제의 성격이 무엇인지, 독자가 무엇을 필요로 하는지를 분석하고 이를 바탕으로 글쓰기의 목적을 분명하게 설정해야 효과적인 글을 쓸 수 있다. 그래서 글쓰기를 문제 해결을 위한 목적 지향적인 활동이라고 한다.

등교 시간을 아침 9시로 늦춘 것에 반대한다

최윤호(영덕중 2)

최근 교육부가 한 학교 학생들을 대상으로 한 등교 시간 관련 설문 조사에 따라 초·중·고등학교 등교 시간이 9시로 늦춰졌다. 하지만 나는 등교 시간을 늦춘 것에 대해 반대한다.

교육부가 등교 시간을 늦춘 결과 많은 학생들의 생활 패턴이 바뀌었다. 학생들은 게을러졌다. 이제 학생들은 6, 7시에 일어나다가 8시에 일어나고, 학교에서 집으로 가는 시간도 늦어졌다. 그 때문에 학생들은 더욱 늦게까지 공부를 하게 되었다. 교육부의 계획이 학생들에게 악영향을 미치게 된 것이다.

또한 교육부가 이 제도를 실시하여 이루고자 했던 목표도 이루지 못했다. 그 목표는 수업 시간에 자는 학생들의 수를 줄이는 것이었는데, 여전히 수업에 흥미가 없는 학생들은 자는 것이 현실이다. 심지어 지각을 하는 학생의 수에도 별 변화가 없다.

교육부가 실시한 이번 정책은 실패이며 다시 등교 시간을 원래 시간대로 돌려놓는 게 맞다. 학생들의 올바른 습관을 망치고 목표도 이루지 못했다는 점에서 나는 등교 시간을 아침 9시로 늦춘 것에 대해 반대한다.

이 글은 '9시 등교에 대해 찬성과 반대 입장을 정해서 상대방을 설득하는 글을 써 보시오.'라는 과제에 대해 중학생이 쓴 글이다. 이 글을 쓴 학생은 9시 등교로 인해 학생들이 게을러졌으며, 수업 시간에 자는 학생이나 지각하는 학생들이 여전하기 때문에 9시 등교에 반대한다는 주장을 하고 있다. 이 학생의 주장이 설득력을 얻으려면 제시한 두 가지 근거가 타당하다는 것이 입증되어야 한다. 먼저 9시 등교가 학생들을 게을러지게 만들었다는 근거에 대해 살펴보자.

필자는 학생들이 늦게 일어나고 게을러진 것이 9시 등교 때문이라고 추정하고 있다. 수업을 늦게 시작하기 때문에 끝나는 시간이 늦어졌다는 것은 다 아는 사실이니 타당한 추론이라고 할 수 있다. 그러나 9시 등교 때문에 학생들이 늦게 자고 늦게 일어난다는 주장은 타당성이 입증되지 않은 주장이다. 우선 모든 학생들이 9시 등교 정책 이후에 늦게 자고 늦

© newsis

게 일어나는지 확인되지 않았다. 설사 모든 학생들이 늦게 자고 늦게 일어난다고 해도 학생들이 자고 일어나는 시간은 학생들의 습관이나 집안 환경 등에 따라 다르기 때문에 그 이유가 9시 등교 때문이라고 단정하기 어렵다. 그리고 학생들이 늦게 자고 늦게 일어나게 되었다고 해서 반드시 게을러졌다고 판단할 수도 없기 때문에 이는 타당한 근거로 보기 어렵다.

또한 이 학생은 9시 등교가 수업 시간에 자는 학생과 지각하는 학생을 줄이려는 것을 목표로 한 것이라고 보고 이 목표가 달성되지 않았다고 지적하고 있다. 그런데 9시 등교의 중요한 목표는 학생들이 충분한 수면을 취하고 아침을 먹을 수 있도록 하자는 취지에서 정한 것으로 알려졌다. 지각생과 수업 중에 자는 학생의 문제는 이 학생이 인정한 것처럼 흥미의 문제도 있기 때문에 9시 등교 여부와는 상관없는 것일 수 있다. 따라서 지각생과 자는 학생이 여전하다고 해서 9시 등교 정책이 실패했다고 판단하기는 어렵다.

이렇게 따져 보면 이 학생은 입증되지 않은 주장과 단정을 기초로 하여 반대 의견을 제시하고 있음을 알 수 있다. 자신의 의견을 주장한다고 해서 상대방이 동의하거나 설득되지는 않는다. 주장이 타당하다는 것이 입증되어야 반대 의견을 갖고 있던 사람도 받아들이게 되는 것이다. 주장만 강하게 내세우고 반대 의견을 비난하는 것으로는 상대방을 설득하기 어렵다. 그런데 이 학생은 자기주장만 내세울 뿐 차분하게 상대방을 설득하려는 노력을 기울이지 않고 있다. 이 또한 글쓰기의 목적에 대한 인식이 불명확하기 때문이라고 할 수 있다.

다음은 '가장 슬펐던 일이나 가장 기뻤던 일'을 소재로 중학생이 쓴 수필이다.

가장 슬펐던 일

조명진(성내중 1)

제가 지금 시작하려는 이야기는 제가 5학년 때의 일입니다. 제가 5학년 때 저희 반에는 아주 큰일이 일어났었습니다.

저희 반에는 자칭 날라리라고 하는 어떤 여자아이가 있었습니다. 그 여자아이는 자기와 친한 아이들과 한패가 되어 자기의 말을 듣지 않든지, 아니면 자기의 눈밖에 난 아이들을 방과 후에 한적한 곳으로 불러 때리기도 하고 땅바닥에 무릎을 꿇고 자기에게 용서를 빌라고 하는 등의 좋지 않은 행동을 했습니다. 그러나 그 아이는 다른 아이들보다 몸집도 크고, 키도 여자 중에선 제일 컸고, 공부도 반에서 3, 4등은 했기 때문에 아무도 그 아이를 말리지는 못 했습니다.

그러던 어느 날 그 패거리는 저의 친구를 방과 후에 불러냈습니다. 그 여자아이는 제 친구에게 잘난 척을 하고 나섰다며 무릎을 꿇고 빌라고 했습니다. 제 친구가 그것만은 싫다고 하자 그 아이는 제 친구에게 반성하는 각서를 쓰라고 했습니다. 그러고는 그 각서를 태워 버렸습니다. 전 그 자리에 있었지만 친구를 도울 수가 없었습니다. 겁이 나기도 했고 괜한 일에 끼어들고 싶지 않아서였습니다. 그러나 지금 저는 매우 후회스럽습니다. 가장 친한 친구가 그런 일을 당하는데 그렇게 가만히 있었다니…….

그 일이 있은 후 얼마 뒤 선생님께서는 반 분위기가 이상하다고 생각하셨는지 아이들에게 종이를 주며 우리 반의 분위기를 흐리고 있는 아이를 쓰라고 하셨습니다. 그 종이를 걷은 다음 날 선생님은 나에게 옆 반에서 막대기를 빌려오라고 하셨습니다. 선생님께서는 그 막대기로 우두머리인 그 여자아이를 때리고 대표적인 같은 패 들도 때렸습니다. 그 우두머리 여자아이는 선생님이 시키는 대로 교실 바닥에 무릎을 꿇고 아이들을 향해 울면서 빌었습니다. 내가 반 분위기를 흐려서 미안하다고…….

저는 그 여자아이를 따르는 패도 아니었고, 그 아이에게 당하지도 않았기 때문에 아무 관련이 없었으나 같은 반 친구가 그런 일을 당하기에 슬펐습니다. 저는 그런 일을 당하고 그 아이가 자살이나 하지 않을까 걱정이 되었지만 그 아이는 전과 같이 명랑하게 지냈습니다. 저는 그것이 참 다행이라고 생각했습니다. 지금은 그 일이 가장 인상 깊고 슬펐던 하나의 추억으로 남아 있습니다.

이 학생은 자신이 경험한 가장 슬픈 일이라고 하면서 두 가지 사건을 소개하고 있다. 첫 번째 사건은 '여자아이'한테 가장 친한 친구가 당한 이 야기이고, 두 번째 이야기는 그 여자아이가 선생님한테 당한 이야기이 다. 두 사건은 서로 다른 이야기지만 같은 여자아이의 이야기라는 점에 서 서로 연결되어 있고, 한 사람이 다른 사람에게 폭력을 행사한 이야기 라는 점에서 주제의 통일성도 갖추고 있다.

이 글을 통해서 필자의 경험과 느낌을 어느 정도 이해할 수 있지만 독 자가 필자의 경험을 생생하게 느끼기에는 약간 부족한 점이 있다. 두 이 야기의 핵심 인물인 여자아이에 대한 소개로부터 이야기를 시작한 것은 적절한 것으로 보인다. 인물에 대한 묘사와 설명이 적극적으로 제시되어 있기 때문에 뒤에 이어지는 사건을 쉽게 이해할 수 있다. 그러나 첫 번째 사건에 대한 묘사와 설명은 다소 부족한 편이다. 필자는 그 상황이 겁이 나서 도울 엄두를 내지 못했다고 했는데 때리거나 무릎 꿇리지도 않았고, 반성문도 태워 버렸다면 여자아이는 평소의 행동에 비해 상당히 친구를 약하게 다룬 셈이 된다. 따라서 독자들은 '겁이 났다.'는 필자의 심정을 이 해하기 어렵다. 독자들의 이해를 돕기 위해서는 여자아이의 행동과 그 무 리들이 어떤 공포감을 심어 주었는지를 보다 자세히 묘사해 주어야 필자 가 겁이 났다는 것에 공감할 수 있을 것이다.

두 번째 이야기에서는 상대적으로 여자아이가 어떤 일을 당했는지 좀 더 자세히 묘사하고 있다. 첫 번째 사건을 통해서 보면 그 여자아이가 선생님한테 당하는 것은 사필귀정이며, 정의가 살아 있음을 보여 주는

© 이제석 광고연구소

것이라고도 할 수 있다. 그런데 필자는 선생님이 여자아이의 자존심을 처참하게 무너뜨리는 것을 보면서 오히려 연민을 느끼게 되었다. 이러한 다소 모순된 필자의 감정을 이해시키려면 여자아이가 얼마나 처참하게 무너졌는지를 좀 더 실감 나게 묘사할 필요가 있다.

　이 글은 자신이 겪은 일을 소개하면서 자신의 느낌을 표현한 것이기 때문에 정서 표현의 글에 속한다고 할 수 있다. 정서 표현의 글이라고 해서 자신의 느낌만을 표현하면 되는 것이 아니다. '슬프다.' 혹은 '기쁘다.' 라고 느꼈다면 독자도 그러한 느낌을 공감할 수 있도록 상황을 자세히 묘사해 줘야 한다. 상황이나 심리를 자세히 묘사하면 굳이 '기쁘다, 슬프다.'처럼 직접적인 표현을 사용하지 않더라도 독자는 저절로 기쁨과 슬픔을 느끼게 된다. 즉, 자신의 감정을 주장할 것이 아니라 독자가 그러한 감정을 느낄 수 있도록 보여 줘야 하는 것이다.

| 쓰기 연습 |

1. 다음은 본문의 글을 글쓴이가 다시 수정한 것이다. 초고와 어떻게 달라졌는지 비교해 보자.

나에게 가장 소중한 것

나에게 가장 소중한 것이 무엇이냐고 묻는 질문에 여러 가지가 떠올랐다. 힘들 때 내 편이 되어 주는 가족사진, 소중한 것들이 들어 있는 지갑 등 한참을 생각하다가 문득 플래너가 떠올랐다. 현재 나의 목표와 꿈을 향해서 시간을 헛되이 낭비되지 않게 해 주는 플래너가 가장 소중한 것으로 생각이 된다. 또한 나의 플래너에는 그날의 중요한 사건이나 짧은 성찰도 적혀 있으니 더욱더 소중한 물건인 것 같다.

플래너를 작성한 지는 얼마 되지 않았다. 중·고등학교 시절에는 학교라는 틀에 갇혀 매번 반복되는 일상이기 때문에 작성할 필요를 느끼지 못한 것 같다. 하지만 학업 플래너는 고등학교를 들어오고 나서부터 꾸준히 작성한 것 같다. 나의 목표와 꿈이 생기고 그것을 실현하기 위해 본격적으로 플래너를 작성하기 시작한 시기는 수능을 치고 난 작년 12월쯤이 아닌가 생각이 든다. 본격적인 인생의 첫걸음인 대학교를 결정하는 순간부터 작성해 오기 시작했던 것이다.

이제 내가 쓴 플래너가 나에게 소중하게 된 일화 한 가지를 소개해 보려 한다. 그것은 바로 내가 고등학교를 들어오고부터 작성해 온 학업 플래너에 대한 이야기이다. 나에게 취약한 과목인 영어를 공부하기 위해 문제집 한 권을 구매한 적이 있었다. 문제집을 열심히 풀어 보려 했으나 게으른 마음에 잘 풀지 않았고, 그 문제집은 그냥 책상 서랍에 방치되었다. 그러고 몇 주 후 학교 시험을 치렀는데 성적이 정말 답이 없을 정도로 떨어져서 충격과 함께 맘을 다잡고 책을 폈지만 공부가 제대로 되지 않았다. 그때 선생님께서 매일 너가 할 수 있을 만큼의 양과 내용, 복습까지 문제집 한 권을 제대로 풀기 위한 계획을 세워 그 계획을 D-day로 끊어서 달성해 보라는 조언을 들었다. 처음 계획을 세우고 그 계획대로 이루어 나가려 하니 정말 힘들었다. 이때까지 무언가를 계획하여 맞춰 가는 삶을 사는 것이 아니라 마음이 내키는 대로 생활을 해 온 나로서는 습관을 고치기가 정말 힘들었다. 하지만 계획에 맞춰 하루하루 정해진 양을 해 내기 위해 많은 노력을 하였고, 마침내 책 한 권을 계획대로 완전히 정복하였을 때 그 성취감은 말로 표현할 수가 없을 정도였다. 당연히 나의 영어 성적도 따라 상승하였고, 이런 계획을 다른 과목에도 적용하여 성공을 많이 보았다.

이로써 나의 게으른 성격도 계획을 작성하여 차근차근 이루어 나가는 부지런하고 꼼꼼한 성격으로 바뀌었고, 좋은 습관을 형성하게 해 준 플래너를 현재로써는 가장 소중하게 여기고 있는 것 같다.

2. 다음 장면을 독자가 읽었을 때 '겁이 났다.'는 것을 공감할 수 있도록 실감나게 묘사해 보자.

그러던 어느 날 그 패거리는 저의 친구를 방과 후에 불러냈습니다. 그 여자아이는 제 친구에게 잘난 척을 하고 나섰다며 무릎을 꿇고 빌라고 했습니다. 제 친구가 그것만은 싫다고 하자 그 아이는 제 친구에게 반성하는 각서를 쓰라고 했습니다. 그리고는 그 각서를 태워 버렸습니다. 전 그 자리에 있었지만 친구를 도울 수가 없었습니다. 겁이 나기도 했고 괜한 일에 끼어들고 싶지 않아서였습니다. 그러나 지금 저는 매우 후회스럽습니다. 가장 친한 친구가 그런 일을 당하는데 그렇게 가만히 있었다니…….

03

글쓰기는
독자와의 대화 과정이다

독자 —

글을 쓰기 전에는 항상 내 앞에 마주 앉은 누군가에게
이야기를 해 주는 것이라고 상상하라.
그리고 그 사람이 지루해서 자리를 뜨지 않도록 설명하라.

- 제임스 패터슨 -

글을 쓰는 이유는 결국 독자에게 읽히기 위해서이다. 물론 일기처럼 글을 쓰면서 자신의 삶을 반성하고 성찰하는 것을 목적으로 삼는 경우도 있다. 그러나 이 경우도 궁극적으로는 자기 자신을 독자로 해서 글을 쓰는 것이라고 할 수 있다. 아무리 훌륭한 글이라고 하더라도 읽히지 않는다면 그 글은 종잇조각이나 먹물에 불과할 따름이다. 글은 독자에게 읽혀서 그의 머릿속에서 의미를 형성하고 마음을 움직일 수 있을 때 비로소 그 가치가 살아나는 것이다. 따라서 필자는 글을 쓸 때 독자를 고려하지 않을 수 없다.

그렇다면 글을 쓸 때 필자가 고려해야 하는 독자는 어떤 독자인가? 예를 들어 수업 시간에 과제로 글을 쓴다고 하면 누구를 독자로 삼는 것이 적절할까? 과제로 제출하는 글이기 때문에 우선 담당 교사가 독자가 될 것이다. 또한 그 글은 수업 시간에 발표될 수도 있기 때문에 동료 학생들도 독자가 될 수 있다. 따라서 과제로서의 글쓰기를 할 때는 교사와 동료 학생들, 즉 교실 공동체를 독자로 상정해야 한다.

학생 필자는 먼저 담당 교사가 학생들에게 기대하는 것이 무엇인지,

어떤 취향을 갖고 있는지를 분석해서 교사가 공감할 수 있는 방향으로 내용을 선정하는 것이 좋다. 그러나 담당 교사가 자신의 글만 읽는 것은 아니기 때문에 동료 학생들이 어떤 내용을 어떤 방식으로 쓸 것인지도 고려할 필요가 있다.

예를 들어 대부분의 학생들이 비슷한 주제로 글을 써서 발표할 경우 교사나 학생 모두 지루함을 느낄 것이다. 가급적이면 많은 학생들이 선택할 가능성이 높은 주제는 피하고 좀 더 참신한 주제를 찾는 것이 좋다. 만일 모든 학생들이 같은 소재로 글을 써야 한다면 주제를 참신하게 드러낼 수 있도록 노력해야 한다.

대부분의 학생들은 교사가 마치 자신의 글만 읽을 것처럼 생각하며 글을 쓰지만 실제 학생의 글은 그 자체로 평가되는 것이 아니라 학급 공동체에 미치는 영향에 의해서 평가·수용된다. 즉, 자신의 글이 학급 공동체의 논의와 비슷한 수준인가 아닌가, 학급 공동체의 의견과 같은가 혹은 다른가 등에 의해서 평가·수용되는 것이다. 따라서 자신의 글이 학급 공동체 성원에게 새로운 지적 자극을 줄 수 있도록 참신하게 구성하려는 노력이 필요하다.

다음은 중학교 학생이 쓴 독서 감상문이다.

심청, 용왕과의 대화

윤선영(성내중 1)

인당수에 몸을 던진 지 삼여 일. 심청, 웅성거리는 소리에 눈을 떠 보니 이곳이 어디지? 곳곳은 오색찬란한 금은보화, 입고 있는

옷은 비단이 아닌가!

"이게 꿈인가 생시인가. 내 분명 인당수에 몸을 던진 터, 이런 곳에 있을 까닭이 없을 터인데……. 오라, 이곳이 바로 말로만 듣던 그 용궁이 아닌가!"

심청 놀라며 방 안 곳곳을 둘러보고 있은즉, 그 웅성거리는 소리 더욱 크게 들리더니 이윽고 선녀같이 고운 여인 몇 명이 들어 "잠이 깨셨나이까?" 하고 묻더니 곧 "용왕마마께옵서 부르시옵니다." 하며 굳어 있는 심청을 앞장세우고 가더라. 곳곳에 삼지창 들고 서 있는 문어, 뱀장어 장군을 보며 심청 그 생각 더욱 확신하더라. 선녀들 곧 발을 멈추니 대문짝만한 흑진주에 '용왕실'이라고 쓰여 있더라. 심청 더욱 굳어 있으니 이윽고 "고개를 들라." 하는 고리짝 긁는 소리가 나더니

"네가 심청이더냐?"

"예, 그러하옵니다."

"나이는 몇인가?"

"십오 세인 줄로 아뢰오."

"십오 세라……. 흠, 어쨌든 거두절미하고 묻겠노라. 인당수엔 왜 빠졌는고?"

심청, 아비 생각에 흐느끼며 "봉사 아비의 눈을 뜨게 하옵자면 쌀 삼백 석이 필요하온데 그 구할 길 없어 고심하던 중 선인들이 나타나 인당수에 바칠 제물 구한다 하여 이 몸을 팔아 삼백 석을 마련하고 소녀 인당수에 뛰어 들었사옵니다." 라고 하자 용왕 말하기를

"내 그런 것쯤 다 알고 있으니 네가 인당수에 빠진 이유를 대란 말이다."

심청 무슨 말인지 몰라 "방금 말씀 드렸지 않사옵니까?" 하고 되물으니 용왕 답답해하며

"에이, 어리석은 것! 네 말 듣고 보니 고단수는 아니로고. 네 머리 어리석은 탓인즉 내 설명해 보겠노라." 한다. 심청, 용왕 앞인즉 내색도 못하고 "예" 하더라. 용왕 설명 시작하니

"너, 장 승상 댁 부인을 아느냐?"

심청 안다 하자 또

"너, 네 이웃 사람들을 아느냐?"

심청 또 안다 대답하자

"그럼 왜 그 사람들에게 도움 한번 청해 보지 않았던고? 너 장 승상 댁 부인에게 귀염 받고 있겠다, 동네 사람들도 모두 네 효성 지극히 여기는 터에 한번 도움이라도 청해 봤던들 거절이나 했겠 느냐?" 하더라. 이에 심청 말하기를

"소녀, 장 승상 댁 부인이나 동네 분들에게 너무나 많은 신세를 지어 차마 미안하고 부끄러워 부탁을 못했나이다." 하니 용왕 심히 노해

"아무리 부끄럽고 미안한들 목숨을 버리느냐? 신세 진 것이야 갚으면 되고 부끄러움이야 참으면 될 터인데 네겐 그 목숨이 그리 도 하찮은 것이더냐? 그렇듯 효성 지극하다면 네 체면 좀 버리고 부모님 주신 목숨 귀히 여겨 살았어야 했거늘……."

심청이 당황하여

"소, 소녀, 하지만 아비의 행복을 위해……."

"쯧쯧, 왜 이리 모르느냐? 진정한 행복이 무엇이냐? 바로 마음이 편한 것이다. 아무리 사지 멀쩡하고 돈 많다 한들 뭐 하느냐? 마음속이 썩으면 불행한 것이지. 네 아비의 경우만 보아도 네 공양으로 눈만 번쩍 떠지면 행복할 것 같으냐? 자기의 눈을 뜨게 하려고 네가 죽었다는 소릴 듣고 죄책감에 시달리다 못해 곧 속이 썩어 죽을 것이다. 그게 부모 맘인 것이야. 왜 그리 그 맘을 헤아리지 못하니? 네 아비가 그런 일을 당하고도 행복해지길 바랐다면 그건 네 아비에 대한 모욕이 되는 거야."

심청 흐느끼더니

"저는 정말 그런 생각도 못하고 미천한 것 짧은 생각으로 커다란 불효를 저질렀습니다. 용서해 주시옵소서." 한다. 흐느끼는 심청 보며 용왕 말하길

"네 생각이 그렇지 않았다고는 하나 너의 행동으로 하여 그런 생각을 하게 되었다. 넌 너의 그 효가 네 자신의 성취감을 해결하기 위한 효가 아니었는지 반성을 좀 해야 할 것이니라."

심청 통곡한 한참 후에 눈물 닦으며

"저의 생각이 짧았사옵니다. 소녀, 앞으로는 진정 부모를 위한 효를 하겠사오니 지은 불효를 씻기 위해 한 번만 아비 곁으로 가게 해 주시옵소서."

"내 그럴 줄 알고 자라 한 마리 대기시켜 놓았으니 네 아비 숨 넘어가기 전에 어서 가 보거라."

그 후 심청 더욱 깊이 아비 공양하며 행복하게 살았다 하더라.

이 학생이 쓴 감상문은 두 가지 점에서 교실 공동체 구성원들에게 충격과 감동을 주었다. 먼저 인당수에 뛰어든 행동에 대해서 교실 공동체 구성원들과 다른 비판적인 해석을 시도했다. 심청의 행동이 효가 아니라 불효였다고 주장하는 것은 일반적인 상식을 깨뜨리는 주장이다. 그렇기 때문에 교실 공동체 구성원들에게 충격과 감동을 안겨 준 것이다.

두 번째로 이 학생은 독서 감상문을 일반적인 감상문의 형식으로 쓴 것이 아니라 소설의 형식으로 썼다. 대부분의 학생들은 감상문 형식을 사용했기 때문에 이 학생이 쓴 소설 형식의 감상문은 충격과 감동을 줄 수밖에 없었다. 감상문의 형식이 갖고 있는 지루함을 완전히 벗어던지고 소설의 형식을 취함으로써 훨씬 흥미롭게 읽을 수 있었다. 이 학생은 자신의 글이 독자에게 어떻게 읽힐 것인지를 나름대로 고려한 결과 교실 공동체의 독자들에게 신선한 충격과 감동을 안겨 주었던 것이다.

선생님이 내준 글쓰기 과제를 억지로 하게 되면 힘들고 괴로울 뿐이다. 그러나 이 학생은 과제를 수행하는 차원을 넘어서 교실 공동체 구성원들과 적극적인 소통을 시도하였다. 심청의 행동에 대해서 공동체 구성원들과 다른 해석을 시도했을 뿐만 아니라 독자가 재미있게 글을 읽을 수 있도록 배려했다. 이처럼 글을 쓴다는 것은 단순히 과제 하나를 해결하는 것만이 아니라 독자인 교실 공동체 구성원들과 소통하는 것이다. 자신이 쓴 글이 독자들에게 읽혀서 적극적인 호응을 얻는다는 것은 공동체의 인식의 발전에 기여한다는 것을 의미한다. 필자로서는 그보다 더 기쁜 일이 없을 것이다.

다음 두 편의 글은 자신이 소중하게 여기는 물건을 한 가지 정해서 그 물건에 대해 잘 모르는 사람들에게 소개하는 글을 쓴 것이다.

휴대폰

김예진(영덕중 2)

내가 나의 물건들 중 가장 소중히 여기는 것은 휴대폰이 아닐까 싶다. 전 세계 사람들이 소지하고 있다 하여도 무방할 만큼 스마트폰은 그들에게도 소중한 물건일 것이라 생각된다. 하지만 그런 스마트폰을 다루기에 서투르거나 자세히 모르는 사람들도 있을 터이니 짤막하게 소개해 볼까 한다.

스마트폰은 정말 한마디로 말해서 '만능'이다. 손바닥만 한 기계에서 할 수 없는 게 없기 때문. 우리가 사용하는 알람 시계, 달력, 공책, 지도 등 이 기계 하나면 훨씬 간단히 할 수 있다. 여기에 컴퓨터의 기능까지 쏙 빼왔으니 얼마나 편리하겠는가? 또 그 조작 방법까지 쉬우니 스마트폰이 널리 퍼져 나간 이유로 충분하다.

글씨만 읽을 수 있다면 어렵지 않게 전화를 발신하고 문자 메시지를 보내며 인터넷 검색까지 할 수 있다. 몇 마디 덧붙이자면 우리나라의 스마트폰 수준은 세계 최고라 할 수 있을 만큼 높다. 물론 외국에 경쟁사들이 있기는 하지만 말이다.

그럼 모든 사람들이 가지고 있는 이 작은 기계가 왜 가장 소중하냐고 묻는다면 나의 모든 것이 여기 들어 있기 때문이라고 답하겠다. 위에 말한 기본적 기능 외에도 스마트폰은 사진, 영상, 음악 등을 저장하거나 다운로드할 수 있으며 소중한 사람들과 했던 대화 내용도 간직하여 준다. 개인의 편의뿐만 아니라 개인과 개인 사이의 다리 역할까지 해 주니 가히 최고의 발명품이라 칭할 만하다.

　여러분이 만일 휴대폰이라는 물건을 모르는 사람이라면 이 글을 읽고 휴대폰이 어떤 물건인지를 알 수 있을까? 이 글에서 스마트폰은 알람 시계, 달력, 공책, 지도가 들어 있고 메시지를 주고받을 수 있으며, 인터넷 검색도 할 수 있다고 하였다. 그런데 스마트폰을 전혀 모르는 입장에서 이런 설명만으로 스마트폰이 어떤 물건인지 이해할 수 있을까? 컴퓨터 기능도 들어 있다고 했지만 스마트폰의 컴퓨터 기능이라는 것이 어떤 것이며, 어떤 방식으로 작동되는 것인지에 대한 설명이 전혀 나와 있지 않다. 따라서 스마트폰이 무엇인지를 잘 모르는 사람에게 이 글은 매우 불친절한 글이 될 수 있다.

　그렇다면 스마트폰을 잘 모르는 사람들에게 스마트폰에 대해 어떻게 설명하면 잘 알아들을 수 있을까? 스마트폰은 몰라도 전화기는 알 것이라고 생각하고 시작하면 어떨까? 집 전화나 공중전화만 있었던 시절에 휴대할 수 있는 이동전화의 등장은 혁명과도 같았다. 이런 휴대 전화기가 다양하고 새로운 기능을 장착하면서 변신을 거듭한 결과 현재의 스마트폰까지 발전한 것이다. 이렇게 휴대전화의 진화 과정을 중심으로 모양과 기능의 변화를 설명하면 스마트폰에 대해 전혀 몰랐던 사람들도 비교적 잘 이해할 수 있을 것이다.

그런데 스마트폰에 대해서 이렇게 본격적으로 설명하는 글을 쓰기 위해서는 스마트폰의 변화 과정에 대해 좀 더 자세히 알아보고 써야 한다. 정보 전달 글을 쓰기 위해서는 자신이 알고 있는 정보라도 좀 더 자세히 조사해서 독자들이 잘 이해할 수 있도록 제시하는 것이 필요하다. 그러나 스마트폰에 대해서 어느 정도 이해가 있는 독자에게 내 스마트폰이 어떤 것인지를 소개할 때는 내용 구성이 달라질 수 있다. 스마트폰도 제작사 혹은 기종에 따라 모양과 기능이 다양하기 때문에 자신이 갖고 있는 스마트폰이 어떤 모양과 기능을 갖추고 있는지 구체적으로 설명하고, 그러한 기능들 중에서 자신은 어떤 것을 가장 애용하는지 설명하면 스마트폰에 대한 이해가 있는 독자에게 '내 스마트폰의 특징'에 대해 소개하는 글이 될 것이다.

이처럼 스마트폰에 대해 전혀 모르는 독자를 대상으로 하느냐 혹은 어느 정도 이해하고 있는 독자를 대상으로 하느냐에 따라서 제시하는 내용도 달라지게 된다. 그런데 이 학생은 스마트폰에 대해 잘 모르는 사람들에게 그에 대해 알려 준다고 하면서도 일반적인 설명에만 그쳐 스마트폰에 대해 잘 모르는 독자들의 이해를 돕지 못했다. 독자를 상정하긴 했지만 독자가 무엇을 모르고 있으며, 무엇을 알고 있는지에 대한 이해가 부족했다.

핸드폰

양수빈(영덕중 2)

저는 제 핸드폰을 가장 소중하게 여깁니다. 핸드폰은 현대사회에 없어서는 안 될 필수품이 되었기에 휴대폰이 소중한 물건이라는 것은 다소 식상하고 나아가 당연한 것일지도 모릅니다. 그러나 저에게 핸드폰은 정말 소중한 물건이라고 생각합니다.

그 이유는 첫째로, 핸드폰을 통해 멀리 있는 사람과도 소통을 주고받을 수 있기 때문입니다. 그로 인하여 오히려 옆에 있는 사람과도 대화가 단절되는 부작용이 일어날 수 있지만 소통의 폭이 넓어짐으로써 위험할 때, 보고 싶을 때, 약속을 정해야 할 때와 같은 상황에서 그 어느 것보다 유용하게 쓰일 수 있습니다. 서로 간의 관계를 더욱 단단하게 다질 수도 있고, 만날 때는 기억이 안 났는데 헤어지고 나니까 할 말이 떠오른 경험은 누구나 한 번쯤 있을 것입니다. 핸드폰은 이러한 어려움을 해소시켜 우리 사회를 발전시키는 데 기여를 할 수 있을 것입니다.

다음으로, 휴대폰에는 매우 많은 기능들이 준비되어 있습니다. 범죄를 예방할 수 있는 것은 물론이고 내비게이션 역할로 목적지까지 보다 안전하고 빠르게 도착할 수 있으며, 위치 추적으로 상대의 위치도 파악할 수 있습니다. 단순히 전화, 문자뿐만 아니라 우리의 따분함을 달래 주는 물건이기도 하고, MP3 없이도 음악을 듣고 게임을 하고 메모, 녹음도 하며, 노트북이나 컴퓨터 없이도 쇼핑이 가능하고 인터넷도 할 수 있는 핸드폰. 우리 삶에서 정말 유용하기 때문에 나날이 발전해 가고 진화해 나가고 있습니다.

　마지막으로 휴대폰은 말 그대로 휴대하기가 정말 편리합니다. 주머니, 가방 속에 쏙 들어가고 한 손으로도 쥐어지는 핸드폰은 소지하고 있는 것만으로도 어렵지 않게 세상과의 소통을 증진시킬 수 있습니다. 굳이 무언가를 찾기 위해 책을 보고 사전을 볼 시간이 없어도 핸드폰 하나로 손쉽고 정확하게 정보를 찾는 것이 가능합니다. 이 모든 것이 우리의 한 손 위에 있는 작은 핸드폰이 하는 것이지요. 이처럼 핸드폰은 이제 현대인들의 소지품에서 나아가 필수품이 되어 버렸습니다.

　수많은 장점을 지닌 핸드폰은 다른 사람들처럼 저에게도 정말 소중한 물건이 되었다고 생각합니다.

　이 학생의 글에서는 스마트폰을 핸드폰, 휴대폰이라는 말로 사용하고 있다. 핸드폰이나 휴대폰이라는 말은 아마도 휴대하기 편리한 이동 전화기라는 의미를 내포하고 있을 것이다. 그래서 이 학생의 설명에서 많은 비중을 차지하고 있는 것 또한 언제 어디서나 쉽게 상대방과 소통을 즐길 수 있다는 점이다. 휴대전화의 고유한 기능이 상대방과의 소통에 있기 때문에 이러한 기능을 중심으로 설명한 것은 적절하다. 상대방과의 소통 기능 외의 다양한 기능을 묶어서 한꺼번에 설명을 하고 있는데, 앞서 학생이 설명한 내용에 비해 좀 더 구체적이어서 이해하기가 쉽다.

　또한 앞의 학생이 쓴 글에 비해 휴대전화의 기능을 좀 더 자세히 설명하고 있어서 스마트폰을 잘 모르는 사람들의 이해를 돕는 데 도움을 주고 있다. 그러나 이 글 역시 스마트폰을 잘 모르는 사람이 읽기에 썩 친절한 글은 아니다. 예를 들어 이 학생은 스마트폰의 기능을 칭찬하며 내비게이션이나 MP3를 예로 들고 있는데, 과연 스마트폰을 잘 모르는 사람이 그런 기능이 탑재되어 있다는 이유만으로 스마트폰의 유용성을 인정할 수 있을까? 범죄를 예방할 수 있다는 것은 어떤 기능을 말하는지도 알 수가 없다. 그 밖에도 핸드폰이 기존의 전화기와 어떤 점에서 다른지에 대한 설명도 필요하다. 이렇게 보면 마지막의 휴대 기능에 대한 설명과 첫 번째 통신 기능에 대한 설명을 통합해서 휴대폰의 핵심 기능을 이동전화라는 측면에서 설명을 하는 것이 오히려 좋을 것이다. 그리고 이 통신 기기에서 어떻게 다른 부가 기능들이 확대되고 통합되었는지를 설명한다면 좀 더 체계적인 설명이 될 것이다.

꼭 휴대전화가 아니더라도 늘 사용하고 있기 때문에 잘 알고 있다고 생각하는 물건들이 있게 마련이다. 하지만 그러한 물건도 막상 모르는 사람에게 알려 주려고 하면 정말 우리가 이 물건에 대해 잘 알고 있는지 의문이 들 때가 종종 있다. 우리가 늘 사용하고 있는 물건이라도 그것의 구조와 기능을 체계적으로 이해하고 이용하는 것은 아니기 때문이다. 따라서 모르는 사람에게 어떤 물건을 소개할 때는 물건의 구조와 기능에 대해 좀 더 자세히 알아보고 모르는 사람의 입장에서 잘 이해할 수 있도록 쉽게 설명해야 한다.

1. 다음은 필자 중심의 초고를 독자 중심으로 수정한 것이다. 초고의 내용이
수정본에서 어떻게 달라졌는지 이야기해 보자.

필자 중심의 초고

신발은 육상을 하는 당신이 갖추어야 할 가장 중요한 장비이기
때문에 잘 선택해야 한다. 우선 신발에는 다양한 종류들이 있다.
트랙 경기용 러닝 슈즈는 경량으로 스파이크가 달려 있다. 그렇지
만 노면에 닿는 신발 바닥 부분은 1/2인치에서 1인치 정도의 쿠션
이 있으면서 재질이 단단하게 되어 있다. 많은 신발들에서 밑창은
다른 여러 재질의 층으로 구성되어 있다. 신발의 가장 바깥 부분인
갑피는 다양한 방식으로 만들어지는데 어떤 것은 가죽으로, 어떤
것은 가죽을 보강한 나일론으로, 그리고 값이 싼 것은 비닐로 되어
있다. 가장 좋은 재료 구성은 가죽을 뒤꿈치 부분에 덧씌운 나일론
제품이다. 러닝 슈즈의 가장 특징적인 점은 발뒤꿈치 부분을 높였
다는 것과 스트라이프 줄무늬이다. 요즈음에는 테니스화에도 그
러한 줄무늬를 넣지만 진짜 러닝 슈즈와 테니스화를 혼동하지 않
는 것이 중요하다. 이 모든 면에서 좋은 러닝 슈즈는 유연성을 충
분히 지니면서도 발을 단단하게 지탱해 줄 수 있어야 한다.

독자 중심의 수정본

러닝 슈즈는 가장 중요한 육상 장비이기 때문에 당신의 발을 잘 지탱해 줄 수 있으면서 쿠션이 좋은 것을 선택해야 한다. 가볍고 약한 트랙 경기용 러닝 슈즈는 먼지를 내면서 정지 마찰을 일으키는 스파이크 때문에 적당치 않다. 균형감 있게 급제동할 수 있게 만들어진 테니스화도 안정적이지 못하다. 좋은 신발은 적어도 밑창이 1/2인치에서 1인치 정도의 두께로 되어 있다. 밑창의 가장 바깥층은 바닥에서 오는 충격을 흡수하고, 안쪽 층은 발에 쿠션을 준다. 쿠션의 또 다른 형태는 약간 높인 발뒤꿈치 부분으로, 이 부분에서는 상처 입기 쉬운 아킬레스건의 긴장을 풀어 주는 역할을 한다.

발을 지탱해 주는 신발의 바깥 부분인 갑피는 비닐이나 가죽 등으로 되어 있는데, 비닐은 가격은 싸지만 발에 물집이 생기게 하거나 아프게 한다. 가죽은 가볍기는 하지만 나일론 합성 가죽보다 값이 비싸다. 최고급 러닝 슈즈는 나일론과 가죽으로 된 것인데, 두툼할 뿐만 아니라 발목이 삐는 것을 막을 수 있도록 발뒤꿈치 부분에 꼭 맞는 가죽을 덧댄 것이다. 이 신발은 질기면서도 발 복사뼈까지 90도로 구부릴 수 있을 만큼 유연성이 탁월하다. 대부분의 러닝 슈즈가 스트라이프 줄무늬 모양을 하고 있더라도 스트라이프 무늬를 한 모든 신발이 당신에게 쿠션감을 주는 것은 아니며, 더욱이 달리기를 하는 당신을 유연하게 받쳐 주진 못한다.

2. 다음 글을 읽고 필자가 독자를 어떻게 생각하고 있는지 독자 입장에서 평가해 보자.

9시 등교, 찬성합니다

솔직히 공익광고에서 아침 먹으라고 떠벌떠벌 대시는데 8시 30분까지 가려면 적어도 10~20분 전에 나와야 되는데 준비하는 시간까지 합하면 아침 먹을 시간이 없어요.

그럼 일찍 일어나라고들 하시는데 아침 먹을 시간까지 고려하면 나라에서 권장하는 청소년 수면 시간에 못 미쳐요. 애들 학원 가는 시간 때문에 못 바꾼다는 얘기가 있는데 아니, 공교육이 사교육에 밀리는 게 말이 됩니까?

국가가 원하는 청소년의 생활은 편안하게 자고 일어나서 아침 먹고 개운한 마음으로 등교하는 건데, 이 꿈같은 일이 벌어지려면 9시 등교를 해야 돼요.

경기도에서 9시 등교 나왔을 때 말이 많았어도 지금은 잘도 9시 등교하잖아요. 서울이라고 안 되나요? 솔직히 이런 건 격식을 갖춰야 하는데 전 강경하게 말하고 싶습니다. 9시 등교, 찬성합니다.

04

네 생각을
솔직하게 드러내라

내용 선정 ―

여러분이 쓰고 싶은 것이라면 무엇이든지, 정말 뭐든지 써도 좋다.
단, 진실만을 말해야 한다.

- 스티븐 킹 -

‘글은 어떻게 쓰는 것이 좋은가?’라는 물음에 대한 답변으로 가장 많이 하는 말은 아마도 ‘솔직하게 써라’일 것이다. 그러나 막상 펜을 들고 글을 쓰려고 하면 어떻게 쓰는 것이 솔직하게 쓰는 것인지 모호할 때가 많다. 솔직하게 쓴다는 것은 대체 어떻게 쓰라는 말일까? 이는 먼저 자신의 생각과 느낌에 솔직해야 한다는 뜻이다. 글이라는 것은 남에게 나를 드러내 보이는 자기 노출의 행위이다. 그런데 자신의 좋은 점을 드러내 보이고 좋지 않은 점은 가리고 싶어 하는 것이 인지상정이다. 이렇게 자신의 좋은 점만을 드러내고 좋지 않은 점을 가리게 되면 본래의 자신을 왜곡하게 된다. 솔직하게 쓴다는 것은 이처럼 남을 의식해서 자신의 모습을 치장하지 않는다는 것을 의미한다. 다음은 대학 작문교육론 시간에 한 학생이 쓴 글의 일부이다.

고등학교에 다니던 시절이었다. 선생님께서 야영 소감에 대해 글을 쓰라고 하시면서 단순히 ‘재밌었다.’, ‘좋은 경험이었다.’라고만 쓰지 말고, 안 좋았던 점이 있었으면 솔직하게 그것에 대해서 쓰라는 말과 함께 예시 글을 보여 주셨다. 교장, 교감 선생님의 행동이 학생들 입장에서 싫었던 점 등과 함께 적나라하게 자신의 생각과 느낌을 쓴 글이었다.

그게 고1 때의 일이었는데 그 당시에는 충격이었다. 그전에는 어떻게 하면 바람직한 학생으로 보일 수 있을지 신경 쓰면서 글을 썼었고, 내가 한 경험에서 무엇을 배웠는지에 대해 좋은 표현으로 풀어내기 바빴기 때문이다. 그렇지만 역설적이게도 야영 소감문을 쓰는 동안에도 내가 느낀 점을 있는 그대로 다 풀어내는 것이 아니라 '느낀 그대로' 서술한 것처럼 보이기 위해 노력하고 있었다.

어린아이의 경우에는 자신의 감정을 치장하거나 왜곡하지 않는다. 상대방을 의식해서 자신의 감정을 조절하지도 않는다. 이런 어린아이의 자기중심적인 솔직함은 주변 사람들을 힘들게 하기도 한다. 하지만 그래도 우리는 어린아이들의 이 순수함을 찬양한다. 적어도 어린아이들은 거짓을 말하지 않기 때문이다.

그런데 언제부터 우리는 자신을 치장하는 글쓰기에 익숙해진 것일까? 아마도 초등학교 때의 일기나 독후감 쓰기에서부터 시작된 것은 아닐까 싶다. 초등학교 때의 일기는 항상 '참 보람 있는 하루였다.'는 긍정적인 평가나 '앞으로 좀 더 열심히 생활해야겠다.'는 다짐으로 끝나곤 한다. 독후감 역시 마찬가지다. '참 재미있었다.'라든지, '이 책을 읽고 ○○○을 깨달았다.'는 식의 교훈적인 표현으로 마무리 짓는다. 이런 습관이 글이란 으레 좋은 점이나 교훈적인 것을 찾아 적는 것으로 인식하게 만든 것은 아닐까?

앞의 글도 이와 비슷하다. 선생님께서 야영에 대해서 느낀 점을 솔직하게 쓰라고 했지만, 그래도 학생들은 부정적인 면을 서술하는 데 부담을 느끼지 않을 수 없다. 이 선생님의 경우 학생들을 잘 이해하기 때문에 그런 편견이 없을 거라고 생각하지만 다른 선생님들이 읽을 수도 있는 것이기 때문에 부담이 전혀 없는 것은 아니다. 이처럼 자신의 감정을 솔직히 표현한다는 것은 위험을 감수하는 일이기도 하다. 더구나 글은 말처럼 금방 없어지는 것이 아니라 기록으로 남는 것이기 때문에 더욱 조심스럽다.

술

김미연(도봉고 2)

달콤한 쏘주를 들이킨다.
캬, 설탕물이구나.
오뎅탕에 오뎅 하나 먹고 또 들이킨다.
캬, 맛있구만.

쏘주는 이제 지겨워
쏘맥으로 달린다.
나는 개가 되었다.
멍멍 월월
친구들은 나를 질질 끌고 간다.
마치 짐짝처럼

앞의 시를 선생님들에게 보여 주자 두 가지 반응이 나타났다. "시 참 재미있게 잘 썼다."라는 반응과 함께 "이런 시를 어떻게……."라는 반응이었다. 후자의 경우 시는 잘 썼는데 이런 시를 학생들이 쓰도록 허용해야 할 것인지, 그리고 학생들에게 이런 시를 잘 썼다고 칭찬해도 되는지 고민이라는 것이다. 잘 썼으면 잘 썼고 못 썼으면 못 쓴 것이지 '잘 썼는데…….'는 도대체 무엇인가? 이 말 속에는 이런 시를 학생들에게 권장할 만하지는 않다는 판단이 깔려 있다. 이 시를 쓴 학생도 먼저 선생님한테 술에 대해 써도 되느냐고 질문을 했고, 어떤 주제도 괜찮다는 허락을 받은 다음에야 비로소 쓸 수 있었다. 글쓰기는 공동체와 소통하는 행위이기 때문에 자신의 생각과 느낌을 솔직하게 표현할 때에도 공동체의 반응을 의식하지 않을 수 없다.

나는 17살

이성덕(도봉고 1)

자석의 N극과 S극인 양
붙어 다니는 커플들을 보면
똥도 안 마려운데 심하게 아파지는 내 배
너는 왜 여자 친구 없냐며 화까지 내는 내 배
서럽다.
커플들을 볼 때마다 나는 다짐한다.
'이번 해가 가기까지 반드시 만든다.'

나는 17살

공부하려고 책상에 앉으면

여러 빨간딱지 동영상들이 나를 유혹한다.

야심한 밤

TV를 켜면 어김없이 나오는 빨간딱지 영상물

또다시 복잡해지는 내 머리

'이, 이러면 안 돼!'

'10분만 더 보자.'

나는 17살

17살은 정말 힘든 나이다.

이 시는 한 남학생이 쓴 것이다. 남학생들이라면 누구나 경험했을 법한 주제를 다루고 있어 또래 독자라면 공감하면서 읽을 수 있다. 그런데 만일 여러분에게 이런 글을 쓰라고 하면 어땠을까? 아마 이 남학생처럼 쉽게 용기를 내기 어려웠을지도 모른다. 남들이 어떻게 생각할까 하는 걱정 때문에 자신의 감정을 감추거나 에둘러 표현하는 경우가 많기 때문이다. 이처럼 솔직하게 자신을 드러낸다는 것은 때로 위험을 감수하는 용기를 필요로 한다. 그러나 바로 그와 같은 이유로 공동체에 미치는 영향이 큰 것 또한 사실이다. 이런 표현이 적극적으로 이루어져야 학생들이 느끼는 욕구를 무조건 억압하거나 비난하지 않고, 이해하고 존중하는 사회 분위기가 형성될 수 있기 때문이다.

앞서 예를 들었던 야영 소감문의 경우도 마찬가지다. 야영에서 학생들이 느낀 점을 솔직하게 표현해야 야영의 좋은 점과 나쁜 점을 학교 선생님들이 잘 이해할 수 있다. 그래야 야영의 좋지 못한 점을 개선해서 더 나은 야영 문화를 만들어 갈 수 있다. 「술」이라는 시도 마찬가지다. 학생은 술을 마셔서는 안 된다는 사회 통념상 술 마신 학생의 이야기는 분명히 충격적이다. 그러나 사실 많은 학생들이 술을 마시고 있는 것이 현실이기 때문에 이러한 현실을 부인하거나 외면한다고 해서 문제가 해결되지는 않는다. 따라서 이 시는 학생들의 술 마시는 문화에 대한 사회적 관심을 환기시킬 수 있다.

이처럼 자신의 생각과 느낌을 솔직하게 표현하는 것은 공동체에 충격을 줄 수도 있지만 궁극적으로는 사회를 개선하고 발전시키는 데 기여한다. 어떤 맥락에서는 공동체에 미치는 충격이 클수록 오히려 사회적 기여도가 높은 글이 될 수도 있다. 그렇기 때문에 자신의 글이 다른 사람들에게 충격을 줄까 봐 미리부터 염려하지 않아도 된다. 우리가 상정하는 공동체의 독자는 편견에 가득 찬 독자가 아니라 건전한 상식을 갖추고 있으며, 합리적 사고를 하는 독자이다. 이러한 독자이기 때문에 솔직한 글에 대해 비난할 사람은 많지 않다.

또한 자신의 생각과 느낌을 솔직하게 표현하는 것은 자아 존중감을 높이는 데도 도움이 된다. 자신을 치장하거나 숨기는 것은 그만큼 자아 존중감이 약하다는 것을 의미할 뿐만 아니라 자아 존중감을 높일 수 있는 기회조차 없애는 것이다. 따라서 자신의 생각과 느낌을 솔직하게 표현하는 것은 개인의 성장과 사회의 발전에 도움을 주는 일이다. 글쓰기를 자기 표현 행위이면서 사회적 실천 행위라고 하는 것도 이 때문이다.

마사초(Masaccio), 〈낙원에서의 추방Expulsion from Paradise〉, 1427~1428년
피렌체의 실크 상인 브란카치 가문의 가족 예배당을 위해 그린 그림으로, 벌거벗은 아담
과 이브의 모습이 볼썽사납다는 이유로 17세기 후반에 무화과 나뭇잎을 덧칠했다가(우)
1980년에 나뭇잎을 제거하고 원래의 그림(좌)으로 복원하였다.

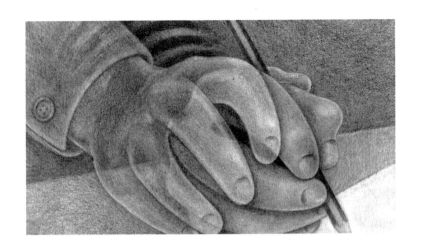

    앞서 우리는 솔직하게 쓰는 것은 자신의 생각과 느낌을 있는 그대로 드러내는 것임을 확인했다. 그러나 글의 내용이 꾸밈없다고 해서 솔직한 글이 되는 것은 아니다. 솔직하게 쓰라는 것은 진솔한 표현을 사용하라는 것으로도 이해할 수 있다. 결국 글이라는 것은 어휘의 선택과 문장의 구성으로 이루어지는 것이기 때문에 어휘의 선택과 문장 표현에서 멋지고 화려한 것을 추구하지 말고 진솔한 것을 추구하라는 의미로 이해할 수 있다. 같은 값이면 다홍치마라고 이왕이면 화려하고 멋진 옷이 좋다고 할 수 있지만, 글은 옷과 달라서 멋지고 화려한 어휘나 문장을 선택하는 순간 그 내용마저 왜곡될 가능성이 높다. 예를 들어 한 남학생이 마음에 드는 여학생에게 편지를 보내면서 "내 마음은 호수요, 그대 배 저어 오오."라는 표현을 썼다고 하자. 나름 운치 있게 시 구절을 인용했는데 과연 여학생의 반응은 어떨까?

    요즘 여학생들이라면 "웬 호수? 너 뭐 잘못 먹었냐?"라는 응답을 듣기 십상이다. 고리타분한 시 구절을 들먹여서라기보다는 화자의 감정이 지나치게 과장되어 있기 때문일 것이다. 여학생에게 느끼는 남학생의 감정은 일단은 호기심과 관심 정도일 것이다. 서로에 대한 관심을 타진하는 단계에서 이러한 표현은 적절하지 못한 것으로 판단할 수 있다. 따라서 어떤 어휘나 문장을 선택할 것이냐 하는 것은 나의 생각과 느낌이 무엇이냐에 의해 결정되는 것이다. 다시 말해 자신의 느낌과 생각을 정확하게 표현하는 데 치중해야지, 그것을 멋지고 화려하게 표현하려고 할 경우 자칫 자신의 느낌과 생각까지 왜곡할 수 있다.

(가) 조○○은 감수성이 풍부한 소녀입니다. 밤하늘에 총총히 떠 있는 별을 보며 깊은 시름에 잠기기도 하고 행복함을 느낄 줄 알며, 힘들어 하고 불쌍한 것들에 대한 연민을 느끼며 혼자서 괴로워하거나 눈물도 웃음도 잦은 소녀입니다. 때론 저의 이러한 특징 때문에 시도 때도 없이 웃거나 눈물을 흘려 불편한 점이 다소 있지만 이 풍부한 감정이 제가 문학을 좋아하게끔 이끄는 것이라고 생각합니다. 글을 읽으며 웃음을 짓고, 때론 분함을 느끼고 눈물을 흘리는 것이 저에게 큰 즐거움이기 때문입니다.

– 자기소개서 중에서(2013년)

(나) 중학생이었던 시절, 이불 속에서 후레쉬를 비추어 가면서 보던 한 소설이 떠오른다. 그 소설은 나의 동생으로부터 추천받은 책이었는데, 어머니는 이 말을 듣자마자 "시험 끝나면 읽어라. 지금은 공부해." 하고 말씀하셨다. 하지만 무엇인가 금단이라 명해 놓으면 더욱더 그것에 매력을 느끼지 않는가? 그 책이 어떤 이야기

를 담고 있을지 너무 궁금해 엄마, 아빠, 동생이 모두 잠이 든 야심한 밤에 이불을 폭 뒤집어쓰고 몰래몰래 그 책을 읽기 시작했다. 예상했겠지만 얼마 뒤 아이를 키울 땐 매로 다스려야 한다는 원칙을 가지고 계신 어머니에게 그 장면을 목격당했다. 덕분에 모두가 자는 야심한 밤에 얼차려를 한 상태로 엉덩이 맴매를 당하고, 딸이 무슨 컴퓨터 게임이나 휴대폰 문자를 한 것도 아니고 책을 읽는데 이렇게까지 체벌을 하실 필요가 있을까 하는 생각에 매우 서러워 베개를 적시던 그 사건. 이렇게 어렸을 시절엔 책을 읽지 말라고 해도 알아서 찾아 읽는 책을 아주 좋아하던 소녀였다.

– 작문교육론 과제 중에서(2014년)

앞의 글은 한 학생이 자기에 대해 쓴 서로 다른 글의 일부이다. 여러분은 어떤 글이 더 공감이 가는 글이라고 생각하는가? 이 학생에게 "너 정말 밤하늘에 총총히 떠 있는 별을 보며 깊은 시름에 잠기기도 하고 그랬니?"라고 물어보았다. 그러자 이 학생이 대답하기를 "아니 뭐, 말이 그렇다는 것이지 실제로 그런 것은 아니에요."라고 하며 깔깔 대고 웃었다. 이 학생은 (나) 글을 쓴 다음에 과거에 자신이 이런 글을 썼다니 너무 오글거린다고 말하였다. 취향에 따라서 (가)와 같은 글을 선호하는 사람들도 있을지 모른다. 그러나 (가) 글은 자기 이야기라기보다는 문학소녀 일반의 특징을 상투적으로 표현한 것일 뿐이다. 그에 비해 (나) 글에는 자신의 경험이 온전히 드러나 있어서 이 학생이 어떤 사람인지 훨씬 더 잘 이해할 수 있다.

따라서 독자의 관심을 끌 만한 참신한 표현이나 멋진 표현을 찾아 고민하기보다는 자신의 생각이나 감정에 충실하게 표현하기 위해서 노력해야 한다. 사실 자신의 생각이나 감정을 충실하게 표현한다는 것이 말처럼 쉽지만은 않다. 우리의 생각이나 느낌은 흐릿한 그림처럼 형성되어 있기 때문이다. 이 머릿속의 흐릿한 그림이 언어를 만나야 명확한 의미가 된다. 따라서 자신이 선택한 어휘와 문장이 머릿속 그림을 충실히 반영하고 있는지, 다시 말해 내가 받은 그 느낌과 생각에 부합하는지를 고민해야 하는 것이다. 왜냐하면 우리가 어떤 언어를 선택하느냐에 따라 표현하고자 하는 생각과 느낌 자체가 달라지기 때문이다.

이처럼 솔직하게 쓴다는 것은 내용과 표현에 두루 적용되는 원칙이다. 내용 측면에서는 나의 생각과 느낌이 공동체와 충돌할 것이라는 걱정에서 벗어나 자유롭게 쓴다는 것을 의미하며, 표현 측면에서는 내가 선택한 어휘나 문장이 실제 내 머릿속의 그림을 온전히 반영하도록 힘써야 한다는 것을 의미한다. 필자는 자신의 사고와 언어 사이의 혼란, 그리고 자신의 생각과 공동체 사의의 혼란을 동시에 극복해야 한다. 따라서 이러한 이중적인 혼란을 극복하고 생산된 글은 자신과 공동체 모두에게 큰 자양분이 되는 것이다. 그런 까닭에 베이컨은 "글쓰기는 생각을 정교하게 만든다."라고 하였다.

| 쓰기 연습 |

1. 다음은 백일장에서 학생들이 쓴 시이다. 이 두 시를 읽고 공감할 수 있는지 그 이유를 들어 이야기해 보자.

나를 슬프게 하는 것들

아무것도 모르고 해맑게 웃는
어린아이의 모습

아스팔트 속에 피어난
차가운 민들레 꽃 한 송이

달빛 아래 슬프게 우는
늑대 울음 소리

바다 위 끝없이 펼쳐진
푸른 하늘 속 갈매기 한 마리

소리없이 우는
강아지 눈물 한 방울

모든 사소한 것들이
나를 슬프게 한다.

우리를 슬프게 하는 것

나를 슬프게 하는 것은
홀로 하늘을 나는 새가 아니다.

나를 슬프게 하는 것은
혼자만 하늘에서 내려오는 별똥별이 아니다.

나를 슬프게 하는 것은
무리에서 혼자 떨어진 새끼 사슴이 아니다.

나를 슬프게 하는 것은
혼자라는 생각이다.
세상에 나 혼자라는 생각.

2. 다음 두 시를 읽고 '솔직한 표현'이라는 측면에서 좋은 점과 좋지 못한 점을 이야기해 보자.

노출의 계절

여름이 다가왔다.
거리를 떠다니는
짧은 치마들
아찔아찔

치마 속이
보일 듯 말 듯
시선이 따라가고
심장은 콩닥콩닥

내 앞을
지나가는
짧은 치마들
아슬아슬

치마 속이
궁금해서
시선이 따라가고
심장은 두근두근

다이어트

다이어트 하려고
밥을 한 끼 굶었더니
꼬르륵

다이어트 하려고
밥을 두 끼 굶었더니
꼬르륵 꼬르륵

다이어트 하려고
밥을 세 끼 굶었더니
꼬르륵 꼬르륵 꼬르륵

다이어트 하다가
병이 나서
앰블란스 오더니
삐용삐용   .

3. 다음은 솔직하게 쓰는 것이 중요하다는 주장에 대해 반론한 글이다. 이 글에 대한 자신의 생각을 이야기해 보자.

글을 솔직하게 쓰는 것은 중요하다. 진심은 글에서 유독 빛을 발한다. 그러나 우리는 일기나 편지글처럼 가장 솔직한 글을 쓰면서 "나 글 쓴다."라고 말하지 않는다. 솔직한 내용을 어떻게 전달할까에 대한 고민도 분명 필요하다. 그것이 지나치게 화려하고 멋질 필요는 없지만 어느 정도 꾸미고 어느 정도 멋질 필요는 있다는 뜻이다. 그렇게 해야 내가 전달하고자 하는 솔직한 나의 생각 또한 효과적으로 독자에게 읽힐 수 있기 때문이다. 겪은 일과 내 생각을 있는 그대로 전달한다고 해서 독자가 그것을 온전히 다 받아들일 수 있을지는 미지수다. 그렇기 때문에 작자는 안전장치인 표현과 플롯 구성 등에 심혈을 기울이는 것인데, 같은 이야기일지라도 플롯과 표현에 따라 맛깔난 작품이 한 편 탄생할 수도 있다.

05

글은
일관성이 있어야 한다

내용 조직 —

짧은 글은 한 가지의 테마로 작성되어야 하며,
그 안에 있는 모든 문장들이 그 테마와 일맥상통해야 한다.

– 에드거 앨런 포 –

글은 말을 글자로 쓴 것이기 때문에 뜻을 전달하고자 하는 기능은 동일하지만 상황과 매체가 다르다. 글쓰기에서 필자는 머릿속으로만 대화를 나눌 뿐 실제로 독자와 대화를 나누기 어렵다. 독자 또한 필자가 글을 다 썼을 때만 읽어 볼 수 있을 뿐 직접 대화를 나누기는 어렵다. 이런 상황 맥락의 차이 때문에 글은 내용의 일관성을 갖추지 않으면 독자가 이해하기 어렵다. 말을 할 때는 청자의 반응에 따라 화제를 즉각적으로 바꾸어도 문제가 되지 않지만 글에서는 중간에 화제를 바꾸면 독자가 혼란을 겪게 된다. 독자는 오직 글을 통해서만 필자의 뜻을 파악할 수 있기 때문에 글의 내용이 일관성 있고 체계적으로 구성되어 있어야 제대로 이해할 수 있다.

"누구야?"

"몰라. 나도 얼굴 책 보다 발견했어. 호주 농부라는데?"

"헐, 진짜 잘생겼다. 완전 조각이네, 조각!"

"그치? 나 마치고 집에 가면 당장 여권 챙길 거야. 이 사람 옆에서라면 평생 풀을 뽑아도 행복할 거 같아."

"ㅋㅋ 맞아. 밭 매면서 아이 엠 해피~♡ 아이 러브 유~♡가 저절로 나올 거 같다. 야, 나 이 사람 사진 좀 보내 줘. 아이패드에 저장하게."

"그래그래. 좋은 건 나눠야지."

"그런데 너희들 오늘 중간 시험 결과 나온 거 봤어?"

"벌써 나왔어?"

이 대화 내용을 보면 채 몇 문장이 되지 않음에도 대화의 주제가 계속 바뀌는 것을 알 수 있다. 이 대화는 사진 속 인물이 누구냐는 질문으로 시작되지만 질문에 대한 답은 나오지 않은 채 생김새에 대한 이야기로 넘어가고, 또다시 호주에 가서 풀을 뽑으며 살아도 좋겠다는 느낌을 표현하는가 싶더니 사진을 보내 달라는 이야기로 급하게 마무리된다. 그러다가 화자 중 한 사람이 시험에 대한 이야기를 꺼내자 금세 시험으로 대화의 주제가 바뀌었다. 이처럼 대화에서는 내용의 일관성이 전혀 지켜지지 않더라도 이해하는 데 별 어려움은 없다. 그 이유는 화자들이 같은 상황을 공유하며 계속 대화를 이어 가고 있기 때문이다.

이 대화에서 화자들은 사진 속 남자에 대해 한창 수다를 떨다가 갑자기 한 화자가 말을 끊고 "오늘 중간 시험 결과 나온 것 봤어?"라고 말한다. 그리고 이에 대해 다른 화자가 긍정적으로 응답하기 시작하면서 시험으로 자연스럽게 화제가 전환된다. 내용의 일관성이라는 측면에서 보면 매우 혼란스러운 일이지만 대화 중에는 이런 일이 흔히 일어나고 또 크게 문제가 되지도 않는다.

그러나 이러한 일들이 글쓰기에서는 허용되지 않는다. 글의 내용이 말을 할 때처럼 왔다 갔다 하게 되면 독자는 필자의 의도를 파악하기 어렵다. 따라서 글을 쓸 때는 내용의 일관성을 유지하는 것이 중요하다. 내용의 일관성을 유지하기 위해서는 하나의 문장이나 문단이 통일성 있게 구성되어 있어야 하고 문장과 문장, 문단과 문단의 연결이 자연스러워야 한다. 그래서 한 편의 글은 비록 여러 개의 문장과 문단으로 구성되어 있지만 하나의 주제로 긴밀하게 통합되어 있다.

논술 시험의 문제점

남궁다원(도봉고 2)

(가) 얼마 전 신문에 현행 논술 시험의 난점을 드러내는 기사 하나가 실렸다. 전 이화여대 석좌교수인 이어령 박사가 지금의 논술 문제는 너무 어려워 수십 년간 글을 써 온 본인도 풀기 어렵다는 내용이었다. 교수의 지적대로 현행 논술 시험은 날로 그 난이도를 더하고 있다. 실례로 서울대는 올해 논술 시험에서 7개의 제시문을 주고 '경쟁의 공정성'을 논하는 글을 작성하도록 했고, 연세대에서는 4개의 제시문에, 공통 주제는 학생 스스로 찾는 새로운 형식의 논술 시험을 도입하기도 했다. 뿐만 아니라 각종 철학적이고 원론적인 성격의 논제는 고등학교 졸업을 앞둔 수험생에게는 매우 낯설고 대처하기 너무 어려운 측면이 있다.

(나) 논술 시험이 갈수록 어려워지는 원인은 정부가 공교육을 활성화시키기 위한 방침으로 대학의 본고사를 금지하는 등의 대학별

입시 제도를 제한했기 때문이라는 견해도 있다. 이러한 시점에서 각 대학에서 원하는 창의성, 지적 수준을 갖춘 인재를 선발하기 위해 본고사 격인 논술 시험의 난이도를 높여서라도 우수한 학생을 가려내겠다는 입장인 것이다. 더 나은 인재 선발의 필요성을 전제로 하여 결국 현행 논술 시험이 지금의 난이도를 벗어날 수 없다면 이제는 공교육의 차원에서 논술 시험에 대한 체계적인 대비가 뒤따라야 할 필요가 있다.

(다) 현행 논술 시험 난이도의 상향은 그에 대처할 공교육의 부재로 그 문제가 더욱 가중되고 있다. 한편 그 문제 자체를 풀이하는 데 앞서 '논술' 전반의 기초적이고 체계적인 지식과 경험의 결핍으로 수험생들이 더욱 난항을 겪고 있는 것이다.

(라) 그간의 공교육은 학교 내신에 대비할 교과목 학습을 중심으로 하고, 대입을 위해 좀 더 심화된 내용으로 수능 준비를 하는 정도였다. 예전은 지금과 같이 논술 시험의 비중이 크지 않았기 때문이다. 결과적으로 급격하게 변화된 대학 입시 전형 때문에 그를 준비할 수단으로서의 교육과정이 괴리된 것이다. 또한 자신에게 해당하는 교과의 교육만을 담당하던 교사들이 이같이 새로운 변화에 스스로를 혁신시키기에 쉽지 않고, 논술 수업을 병행한다고 해도 교사들 역시 그간의 교육 방법에 익숙해져 수험생들만큼이나 논술 교육에 대한 총체적 지식이 부족한 탓에 그에 따른 전문성이 결여될 우려가 있다. 너무 앞서나간 교육 방침이 일종의 지체 현상을 일으킨 것이다.

(마) 이러한 지체를 극복하기 위해서는 논술 교과에 대한 연구와

전문적인 교육이 가능한 교원의 배출이 시급하며, 이와 관련한 교원 연수가 뒤따라야 한다. 이후에 통합 교과형 논술 시험에 대비해 각 과목에 논술 형태의 심화된 교육이 수반되어야 하며, 경우에 따라 '논술' 교과에 시간 할당이 필요하다.

(바) 교육은 '백년지대계'라는 말이 있다. 나라를 이끌어 갈 인재를 양성하는 데 그 목적을 두고 있는 만큼 다른 어느 사항보다도 신중하게 결정해야 한다는 의미이다. 하지만 현재 너무하다 싶을 정도로 수시로 바뀌고 있는 것이 우리나라의 교육 정책이다. 그중에서도 언제 바뀔지 모르는 모래성 위에 있는 것이 현행 대학 입시 제도이다. 그 속에서 비중을 더한 '논술'에 대한 사안은 작은 흔들림에도 모든 수험생들을 불안하게 한다. 좋은 인재 발굴을 위해 도입된 좋은 취지의 평가 방법이라면, 그것이 안정적으로 진행될 수 있도록 그 토양을 굳건히 하는 것이 정부, 공교육이 해야 할 일이다. 올바른 교육을 위해 백년을 고민하라는 선조들의 가르침을 잊지 말자.

이 글은 사회적 현상에 대해서 자신의 생각을 정리한 글이다. 문필가로 널리 알려진 이어령 교수의 말을 빌어 문제 제기를 한 것도 효과적이고, 주장하는 바가 학생들 대다수가 갖고 있는 문제의식을 반영하고 있기 때문에 공감을 불러일으키기에 충분하다. 그런데 계속 글을 읽어 나가다 보면 논지를 일관성 있게 이끌어 가지 못하고 있어서 혼란스러운 부분이 많다. 예를 들어 '논술 시험의 문제점'이라고 제목을 붙였기 때문에 논술 시험의 여러 가지 문제점을 중심으로 글이 전개될 것이라고 생각했지만 주된 내용은 학교에서 논술을 제대로 준비하지 못하고 있으므로 공교육에서 대책을 세워야 한다는 것이다. 이 글의 흐름을 보면 다음과 같다.

(가) [문제 제기] 논술 시험이 고등학생들에게 낯설고 대처하기 어려움.

(나) [문제 원인] 본고사를 금지한 정부의 정책으로 논술 시험이 어려워졌다.

(다) [문제 제기] 논술 시험에 대한 공교육의 부재로 수험생들이 어려움을 겪고 있다.

(라) [문제 원인] 그간의 공교육에서 교사들은 논술 시험에 대한 준비가 미흡하다.

(마) [문제 해결] 논술 교과에 대한 연구와 교원 연수를 통해서 논술 교육이 이루어져야 한다.

(바) [문제 해결 촉구] 논술 시험이 안정적으로 진행될 수 있도록 정부에서 고민해야 한다.

이렇게 논지의 흐름을 정리하고 보면 이 글은 [문제 제기]와 [문제 원인]이 두 단락에 걸쳐서 제시되어 있고, [문제 해결]은 한 단락에서만 제시되었다는 것을 알 수 있다. (가)에서는 논술 시험이 어렵다는 문제와 그로 인해 수험생이 힘들다는 문제가 제기되었고, (나)에서는 논술 시험이 어려워진 원인으로 정부에서 본고사를 금지한 것 때문이라는 점을 들었다. 그런데 여기서 갑자기 논술 시험의 난이도 조절이 어렵다면 학교에서 대비를 해야 한다는 문제로 전환되어 버렸다. 그래서 (다)에서

© 연합뉴스

다시 '공교육의 부재'라는 문제를 제기하고 (라)에서 교사의 전문성 부족 등의 원인을 밝힌 뒤, (마)에서 해결 방안을 제시하고 (바)에서 정부의 안정적인 대책을 주문하며 마무리하였다.

이 학생은 (가), (나) 단락을 통해서 논술 시험의 문제점을 비판하고자 했던 것으로 보인다. 그런데 정부의 정책에 대한 대학의 대응 방식에 대해서 비판을 하지 않고 수용함으로써 비판 기조는 사라지고 공교육에서의 대비를 강조하며 그 방향에서 다시 논지를 전개하고 있다. 논술 시험에 대한 비판을 감당하기 어렵다고 판단하고 학생의 입장에서 학교에서의 논술 대비를 강조하는 방향으로 논지를 전개한 것이다. 그 결과 글 머리에서는 논술 시험에 대한 강도 높은 비판으로 크게 시작했으나 결론은 공교육에서의 대비를 강조하는 식으로 끝나 버렸다. 그러고는 자신도 이런 식으로 끝내기가 좀 서운했는지 마지막 단락에서 다시 정부의 정책

문제를 지적하면서 문제 해결을 촉구하였다.

이 학생이 처음에 제시한 논술 시험의 문제는 사실 대학에서 논술 고사를 지나치게 어렵게 출제한다는 것이었다. 대학에서 학생 선발을 위해 고등학생들이 풀기 어려운 문제를 출제한다면 대학이나 이러한 대학 당국의 논술 시험을 방치하는 정부의 정책에 대해 비판을 해야 한다. 그러나 필자는 출제의 문제를 제기해 놓고도 이를 다루지 않고 교육 문제로 전환시켜 버렸다. 제목을 '논술 시험의 문제점'이라고 붙인 것도 애초의 문제의식을 반영한 것으로 보인다. 그러나 결국 이 글에서 다룬 것은 시험의 문제가 아니라 교육의 문제였다. 그렇기 때문에 여전히 출제의 문제는 해결되지 않은 채 남아 있다. 이는 결국 필자가 논지를 일관성 있게 이끌어 가지 못했기 때문이다.

공부가 전부인 우리 사회를 바꾸자

안재현(도봉고 1)

도대체 공부는 왜 하는 것일까? 대한민국 학생이라면 누구나 이런 생각을 한 번쯤은 해 보았을 것이다. 물론 세상에는 공부하기를 좋아하는 사람도 있을 테지만 모두가 그렇지는 않다. 오히려 공부하기를 싫어하는 사람이 좋아하는 사람보다 수백 배, 수천 배 더 많지 않은가. 사람마다 좋아하고 잘하는 것이 모두 다를 텐데 왜 그런 것들은 완전히 무시된 채 매일매일 하기도 싫은 공부만 해야 하는지 이해가 되지 않을 때가 한두 번이 아닐 것이다.

지금 우리 사회는 철저하게 공부 잘하는 사람만을 우대해 주고 있다. 이러한 현실은 우리의 대학 입시 상황을 살펴보면 쉽게 알 수 있다. 예를 들어 동물을 너무 좋아해서 수의대에 가고 싶어 하는 학생이 있다고 하자. 그런데 공부를 잘하지 못해 수능에서 수의대에 갈 만한 성적을 얻지 못했다면, 그 학생은 재수를 선택하지 않는 이상 그대로 수의사의 꿈을 포기할 수밖에 없다. 수의사가 되기 위한 가장 중요한 조건을 갖췄음에도 불구하고 단지 공부를 못한다는 이유만으로 수의사가 되지 못하는 것이다. 이게 바로 우리의 현실이다. 학생 개개인의 능력은 완전히 무시된 채 모두가 단 하나의 잣대로만 판단되고 있는 것이다.

그러면 이제부터 이러한 현실을 개선할 수 있는 방안을 생각해 보도록 하자. 사실 대한민국 학생들은 공부가 인생의 전부인 양 교육받고 있다. 집에서는 부모님이, 학교와 학원에서는 선생님들이 학생들의 머릿속에 끊임없이 공부를 잘해서 좋은 대학에 들어가야 한다는 생각을 주입시킨다. 이러한 상황에서 그 누가 "나는 공부하기 싫고, 나의 특기와 적성을 살리고 싶어요."라고 당당하게 말할 수 있겠는가. 만약 공부 말고 나의 다른 적성을 살리고 싶다고 부모님께 말씀드려서 허락을 받았다고 치자. 하지만 우리나라에는 공부 말고 학생들의 다른 소질을 살리기 위한 공교육 시설이 거의 없는 것이 현실이다. 예를 들어 학생들의 소질을 살리고자 설립된 애니메이션고나 조리 과학고 같은 경우엔 전국에 몇 개 있지도 않을뿐더러 수업료도 무척 비싸다고 한다. 그리고 사회에 필요한 기술을 가르쳐 기술 인력을 일찍 사회에 배출하자는 취지에서 설립된 실업계 고등학교 또한 '공부 못하는 아이들이 들어가는 학교'라는 이미지로 인해 진짜 그쪽에 흥미가 있어도 꺼리는 학생들이 대부분이다. 그렇기에 그쪽 방면에 재능이 있어도 현실 여건상 그것에 관한 제대로 된 교육을 받지 못하는 학생들이 대다수이다. 만약 지금처럼 개인의 소질을 살릴 수 있는 공교육이 활성화되지 않는 한 지금의 현실은 절대로 개선될 수 없을 것이다.

그다음으로 다른 방안을 생각해 보면 우리나라에서는 학벌, 그러니까 출신 대학을 지나치게 강조하고 있다. 대학 졸업 후 취직을 하고자 할 때에도 기업에서는 일류 대학 순으로 사원을 뽑고 있다. 이러한 현실에서 누구나 일류 대학에 가고자 죽어라 공부하는 것은 어쩌면 당연한 결과일 것이다. 여기서 미국의 경우를 한번 살펴보도록 하자. 미국은 기업에서 사원을 뽑을 때 대학이 별 상관없다. 단지 들어간 대학에서 어떻게 했느냐에 따라 합격과 불합격이 결정되는 것이다. 만약 삼류 대학에서라도 좋은 성적을 받았다면 회사마다 두 손을 벌리겠지만, 하버드나 스탠포드 같은 일류 대학을 나왔을지라도 성적이 시원치 않다면 그대로 불합격 통지서를 받게 될 것이다. 우리나라 기업들도 미국의 기업처럼 한다면 이런 학벌 위주의 사고방식은 점차 사라지게 될 것이다.

지금까지 우리 사회의 현실과 개선 방안에 대해서 살펴보았다. 지금까진 공부를 잘하는 사람만으로도 나라를 유지할 수 있었을지 몰라도 이제는 그것이 절대로 불가능하다. 지금 세계는 무한 경쟁이다. 학생들에게 오직 공부만을 고집하고 모두를 획일화시키는 이런 사회로는 다른 나라와의 경쟁에서 결코 살아남을 수 없다. 박세리와 박찬호, 조수미와 같은 사람들이 세계 무대에서 성공한 이유가 공부를 잘해서인지, 아니면 자신의 소질을 살려서인지 우리는 다시 한 번 생각해 보아야 할 것이다.

이 글을 잘 살펴보면 엉성한 부분이 적지 않다. "학생 개개인의 능력은 완전히 무시된 채 모두가 단 하나의 잣대로만 판단되고 있는 것이다."라는 문장에서는 '능력'이 아니라 '적성'이라는 낱말을 써야 할 것 같고, 글쓴이가 주장하는 '단 하나의 잣대'라는 게 무엇인지도 분명치 않아 모호한 문장이 되어 버렸다. 다만 전체적인 문맥을 통해서 '공부'라는 것을 짐작할 수 있을 뿐이다. 또한 "그러면 이제부터 이러한 현실을 개선할 수 있는 방안을 생각해 보도록 하자."라는 문장을 제시했으면서도 개선 방안보다는 문제점을 중심으로 서술하고 있어 당혹스럽다. 다행히 문제점 속에서 "개인의 소질을 살릴 수 있는 공교육이 활성화되지 않는 한 지금의 현실은 절대로 개선될 수 없을 것이다."라고 하는 개선 방안을 이끌어 내고 있기 때문에 심각하게 문제가 되는 것은 아니다. 이 글을 논리적인 흐름으로 구성해 보면 다음과 같이 정리할 수 있다.

(가) [문제 제기] 공부는 왜 하는가?

(나) [문제 원인] 대학 입시가 꿈보다는 성적을 더 중시한다.

(다) [부연 설명] 소질을 살리기 위한 교육 시설이 미흡하고, 이에 대한 인식도 부족하다.

(라) [문제 해결] 기업에서 학벌과 상관없이 인재를 뽑으면 된다.

(마) [해결 강화] 경쟁에서의 성공은 성적보다 소질에 있다.

이 글은 부적절한 단어의 사용이나 모호한 문장이 더러 섞여 있음에도 불구하고 논리적 구성에는 일관성이 있다. (가)에서 있었던 '공부는 왜 해야 하는가?'라는 문제 제기에 대해 (나)에서는 대학 입시가 성적 위주이기 때문이라고 응답했다. (다)에서는 개선 방안을 말한다고 했지만 사실은 개선 방안이 아니라 공부를 할 수 밖에 없는 이유를 (나) 단락에 이어 부연 설명하고 있다. (라)에서는 학벌 위주의 인재 채용에서 벗어나야 한다는 해결 방안을 제시하였고, (마)에서는 이 주장을 더욱 강화하고 있다. 이렇게 논리적인 흐름을 보면 '문제 제기 → 문제의 원인 진단 → 해결 방안 제시'라고 하는 논리 구조를 선명하게 보여 주고 있어 나름대로 일관성을 갖춘 글이라고 할 수 있다.

이처럼 글이 일관성을 유지하기 위해서는 논리적인 구조를 갖추어야 한다. 논술문의 경우에는 '문제 제기 → 문제의 원인 → 해결 방안 제시'와 같은 구조를 갖추어야 하지만 이야기글의 경우에는 '배경과 인물 소개 → 사건의 발단 → 전개 → 해결'과 같은 구조를 갖추어야 한다. 설명하는 글의 경우에도 '설명하고자 하는 대상의 소개 → 대상의 구성 요소별 소개' 등과 같은 구조를 갖추는 것이 좋다. 글쓰기의 목적이나 내용에 따라 글의 구조가 달라지기 때문에 글쓰기를 본격적으로 하기 전에 먼저 내용의 논리적 흐름을 정리해 보는 것이 좋다.

1. 다음 글을 읽고 이 글에서 일관성이 부족한 부분을 찾아보자.

사회적 글쓰기

학교 폭력과 집단 따돌림에 대해서 이 글을 쓰려고 한다. 몇 년 전부터 현재까지, 중·고등학생뿐만 아니라 초등학교부터 어린아이들한테까지도 학교 폭력은 심각한 사회적 문제이다. 우리는 요즘 문자, 음향, 영상, 전자 매체를 통해 피해자 학생이 학교 폭력을 견디다 못해 자살했다느니 하는 이야기를 우리 주변에서 쉽게 접할 수 있다.

학교 폭력은 학생 간에서 일어나는 폭행, 상해, 감금, 위협, 약취, 유인, 모욕, 공갈, 강요, 강제적인 심부름, 명예훼손, 따돌림, 성폭력, 언어폭력 등 폭력을 이용하여 학생에게 정신적 및 신체적 피해를 주는 폭력 행위이고, 집단 따돌림은 집단 내에서 다수가 특정인을 대상으로 위해를 가하는 행위를 일컫는다.

우선 학교 폭력과 집단 따돌림 사례를 살펴보자. 흔히 뉴스나 신문에서 쉽게 찾을 수 있는 학교에서의 집단 따돌림, 학교 폭력으로 인해 고통을 참지 못하고 자신의 목숨을 끊은 학생들 이야기나 자신의 마음을 열지 못하고 사회에서 아웃사이더로 지내는 학생들 이야기, 학교에서 집단 따돌림과 학교 폭력으로 인해 더 방황하면서 사회에서 아웃되는 학생 등 우리는 많은 가슴 아픈 사연을 접하게 된다.

위의 사례를 보듯이 학교 폭력과 집단 따돌림으로 인한 피해 사례를 보면 학교 폭력과 집단 따돌림은 해서도 안 되고 존재해서도 안 된다. 더 자세히 말하자면, 학교 폭력과 집단 따돌림은 인권침해이다. 학교 폭력과 집단 따돌림은 집단 내에서 특정인을 대상으로 무시하거나 폭행, 상해, 감금, 협박 등 인격을 무시하고 침해하는 짓이다. 그렇기 때문에 학교 폭력과 집단 따돌림은 해서는 안 된다. 또 학교 폭력과 집단 따돌림은 피해당하는 사람뿐만 아니라 피해를 주는 사람, 교사, 부모님, 전체적으로 보면 국가까지도 상처를 주는 일이다. 학교 폭력과 집단 따돌림으로 인해 피해당하는 사람은 물론 상처를 받는 것이 당연하고, 피해 주는 사람도 죄책감에 빠지게 될 것이고 교사, 부모님들도 책임감 부족으로 상처를 받을 것이다. 물론 국가까지도. 상처뿐인 학교 폭력과 집단 따돌림은 해서는 안 된다.

마지막으로 학교 폭력과 집단 따돌림을 해결하기 위해서는 따돌림을 당하는 사람과 따돌리는 사람이 모두 함께 노력해야 한다고 생각한다. 왜냐하면 따돌림을 당하는 것에도 모두 이유가 있기 때문이다. 따돌림을 당하는 친구는 따돌림을 당하는 이유를 찾아 고치고, 따돌리는 친구는 다른 아이들의 마음을 이해하려 노력해야 한다. 서로의 입장이 되어 생각해 보아야 한다. 또 따돌림 당하는 사람과 따돌리는 사람뿐만 아니라 학교, 부모님들이 사회적으로 관심을 가지고 지켜보아야 할 것이다.

2. 다음 문단에서 중복되는 문장을 삭제하고 내용을 일관성 있게 재구성해서 다시 써 보자.

　　위의 사례를 보듯이 학교 폭력과 집단 따돌림으로 인한 피해 사례를 보면 학교 폭력과 집단 따돌림은 해서도 안 되고 존재해서도 안 된다. 더 자세히 말하자면, 학교 폭력과 집단 따돌림은 인권침해이다. 학교 폭력과 집단 따돌림은 집단 내에서 특정인을 대상으로 무시하거나 폭행, 상해, 감금, 협박 등 인격을 무시하고 침해하는 짓이다. 그렇기 때문에 학교 폭력과 집단 따돌림은 해서는 안 된다. 또 학교 폭력과 집단 따돌림은 피해당하는 사람뿐만 아니라 피해를 주는 사람, 교사, 부모님, 전체적으로 보면 국가까지도 상처를 주는 일이다. 학교 폭력과 집단 따돌림으로 인해 피해당하는 사람은 물론 상처를 받는 것이 당연하고, 피해 주는 사람도 죄책감에 빠지게 될 것이고 교사, 부모님들도 책임감 부족으로 상처를 받을 것이다. 물론 국가까지도. 상처뿐인 학교 폭력과 집단 따돌림은 해서는 안 된다.

06

대상을
있는 그대로 보여 주라

관찰과 표현 ─

달이 빛난다고 말해 주지 말고,
깨진 유리 조각에 반짝이는 한 줄기 빛을 보여 줘라.

– 안톤 체홉 –

글을 쓴다는 것은 필자가 어떤 대상에 대해서 말하고자 하는 바를 독자에게 전달하는 것이다. 이렇게 본다면 글쓰기에서 중요한 것은 필자가 대상에 대해서 어떻게 인식하고 있는가 하는 것이다. 인간은 대상을 있는 그대로 인식한다고 생각하지만 사실 그런 경우는 존재하지 않는다. 우리는 대상을 우리가 이해한 바대로 인식할 수 있을 뿐이다. 우리가 갖고

있는 선입관이나 느낌 혹은 생각에 의해 대상에 대한 우리의 인식은 변형되고 재구성된다. 옆의 그림은 관점의 차이를 보여 주는 것으로 자주 인용되는 그림이다. 이 그림 속에서 어떤 인물이 보이는가?

이 그림이 젊은 여인의 모습으로 보이는가, 아

니면 늙은 노파의 모습으로 보이는가? 앞의 그림은 어느 시각에서 보느냐에 따라 젊은 여인의 옆모습으로 보일 수도 있고 늙은 노파의 옆모습으로 보일 수도 있다. 그림에는 두 가지 모습이 다 있지만 어떤 각도에서 보느냐에 따라 서로 다르게 보인다. 그렇다면 이 그림에 대해서 독자에게 전달할 때 무엇이라고 하는 것이 정확할까? 자기가 보고 이해한 대로 젊은 여인의 모습 혹은 늙은 노파의 모습이라고 전달하게 되면 이 그림의 실체를 온전히 전하지 못한 것이 된다. 이 그림을 제대로 전해 주려면 자신은 젊은 여인의 모습으로 이해했으나 보기에 따라서는 늙은 노파의 모습이기도 하다는 것을 알려 줘야 한다.

이 그림은 우리가 대상을 이해할 때 우리의 관점이나 배경지식에 의해 왜곡될 수 있다는 것을 보여 준다. 자신이 이해한 것은 실재가 아니라 자신의 눈에 비친 모습이기 때문에 대상을 온전히 이해하기 위해서는 자신의 고정관념이나 선입견을 버리고 대상을 있는 그대로 보려는 노력이 필요하다.

다음은 소설의 한 장면을 서로 다른 방식으로 제시해 본 것이다.

(가)

내가 징검다리를 건너려고 하는데 웬 낯선 계집애가 징검다리 한 가운데 앉아서 물을 헤집으며 놀고 있었다. '저년은 왜 하필 저기서 장난을 치고 지랄이야.' 하는 생각을 하면서 겨우 징검다리를 건넜을 때 아, 이년이 "이 바보!" 하면서 돌을 집어서 던지는 것이 아닌가?

(나)

소녀는 징검다리 한가운데에 앉아서 물장난을 치고 있었다. 소년
은 소녀를 피해서 겨우 징검다리를 건너 반대편으로 갔다. 그러자
소녀는 "이 바보!" 하며 소년이 있는 곳을 향하여 조약돌을 던졌다.

(가)와 (나)의 글을 읽고 소녀가 소년에게 돌을 던진 이유가 무엇인지
추리해 보자. (가) 글에서는 소년의 속마음이 비교적 잘 드러나 있는데,
소녀가 징검다리를 가로막고 놓고 있어서 불편한 심사를 드러내 보이고
있다. 그런 상황에서 돌을 던진 소녀의 행동은 소년에게 위협적이고 불
쾌한 행동으로 비칠 가능성이 많다. 그러나 (나) 글에서는 소년의 마음
이 잘 드러나 있지 않아서 소녀의 행동이 유난히 두드러져 보이고, 그런
소녀의 행동은 소년을 괴롭히려는 것이라기보다 관심을 끌기 위한 행동
으로 읽힐 수 있다.

여러분이 이 상황에서 소년의 입장이라면 소녀의 행동을 어떻게 이
해하겠는가? 만일 (가)의 소년처럼 소녀의 행동을 위협적인 것으로 파악
했다면 그것은 소년이 느낀 솔직한 감정이긴 하겠지만 소녀의 진심이 아
닐 수도 있다. 자신이 느낀 감정이나 생각이 반드시 대상의 진실한 모습
을 반영하는 것은 아니기 때문이다. 따라서 소녀의 의도가 무엇인지 모
른다면 (가)처럼 서술할 것이 아니라 (나)처럼 서술하는 것이 더 효과적
이다. 결국 (가)는 소년의 감정을 중심으로 서술하는 것이라면, (나)는
소녀의 행동을 있는 그대로 묘사하는 데 중점을 두었다고 할 수 있다. 대
상을 있는 그대로 전달하기 위해서는 이처럼 감정을 개입하기보다는 주
관이나 감정의 개입을 최소화하는 것이 더 효과적이다.

엄마 미워

임해현(도봉고 1)

아침에 대충 씻고
소파에 털썩 앉아 졸면
눈이 반 정도 감긴
엄마가 나와

"아침 뭐랑 먹을래?
빵이라도 사다 줘?"

"어."

"어휴 지지배
대충 요플레나
먹고 가면 안 돼?"

내 눈동자가 엄마 쪽으로
힘껏 향한다.

학원에 다녀와서 가방 놓고
소파에 털썩 앉아 TV 보면
밥 먼저 다 먹은

엄마가 나와

"저녁 뭐랑 먹을래?
계란 후라이라도 해 줘?"

"어."

"어휴 지지배
엄마 피곤하니까
니가 해 먹으면 안 돼?"

……
말을 하지 말던가!

이 시는 엄마와 딸 사이에 있었던 일을 설명하지 않고 대화 상황 그대로 전해 주고 있다. 그래서 두 사람의 대화를 보면서 여러 가지를 생각하고 느끼게 한다. 특히 엄마의 왔다 갔다 하는 말에서 엄마의 처지와 복잡한 마음을 잘 느낄 수 있다. 엄마는 힘들게 일을 하면서 지내기 때문에 딸한테 밥을 제대로 차려 줄 수가 없다. 그럼에도 딸을 염려해서 뭔가 해주고 싶어 한다. 하지만 사실 그런 모든 것이 피곤하고 힘들어서 쉽지가 않다. 이 글에는 다소 모순된 엄마의 이런 감정이 잘 묘사되어 있다. 그런데 이와 같은 상황을 화자의 눈에 비친 엄마의 모습으로 설명하면 다음과 같지 않을까?

루이스 부르주아(Louise Bourgeois), 〈마망Maman〉, 1999년 © The Easton
Foundation/VAGA, New York/SACK, Seoul
청동으로 엮인 여덟 개의 뾰족한 다리를 가진 거미가 몸통의 중심에 알주머니를 품고 지탱
하는 형상을 한 작품으로, 알을 품은 거미의 모습은 자식을 키우고 가정을 돌보는 이 세상
모든 어머니들의 깊은 모성애를 상징한다.

우리 엄마는 거짓말쟁이다. 아침에 빵 사다 줄까 해서 사 달라고 하면 요플레 먹고 가면 안 돼냐고 말하고, 저녁에 학원에 갔다가 들어와 TV 보고 있는데 계란 후라이라도 해 줄까 물어서 좋다고 하니까 엄마 피곤하니 니가 해 먹으란다. 어차피 해 주지도 않을 거면서 말만 하는 우리 엄마는 완전 거짓말쟁이다.

화자의 눈에 비친 엄마의 모습은 대충 이와 같을 것이다. 이 글에서 묘사된 엄마의 모습과 시에서 묘사된 엄마의 모습은 어떻게 다를까? 화자의 눈에 비친 엄마는 모순 투성이의 부정적인 모습이지만, 객관적으로 묘사된 엄마의 모습에서는 피곤에 찌든 일상에서 제대로 딸을 챙겨 주지 못하지만 그래도 딸을 염려하는 엄마의 마음이 잘 드러난다. 무엇이 진정한 엄마의 모습일까? 딸을 걱정하는 엄마가 진짜 엄마의 마음일까, 아니면 귀찮아하는 것이 진짜 엄마의 마음일까? 아니면 둘 다일까?

골목길

이수정(도봉고 2)

나는 오늘도 늦게 귀가한다.
골목길을 지나갈 때 들리는 여러 가지 소리들

"엄마, 내 핸드폰 어디 있는 줄 알아?"
"야 이년아, 내가 그걸 어찌 아노."
"모른다고 하면 되지 왜 욕을 하고 지랄이야."

이제 남은 건 모퉁이 돌아 한 가구뿐

나는 어김없이 그 모퉁이를 지나간다.

"여보, 지영이 재웠어요?"

"아니 글쎄, 재웠다니까요."

"그러다 깨기라도 하면 어쩌려구요."

"괜찮아, 지영이도 다 그렇게 해서 태어난걸."

캄캄한 밤

오늘도 나는 어김없이 걷는다.

　이 학생은 골목길에서 들은 것들을 자신의 감정 표현은 전혀 없이 대화와 묘사 중심으로만 간결하게 표현했다. 화자의 해석이나 설명이 없기 때문에 독자는 골목길의 풍경을 오히려 더 생생하게 느낄 수가 있다. 서로 싸우기만 하는 집안과 부부의 금실이 넘쳐나는 집안의 풍경이 묘한 대조를 이루면서 골목길의 정감을 잘 드러내고 있다. 만일 여러분들이 이 장면을 경험했다고 하더라도 상황을 이렇게 간결하면서도 구체적으로 묘사하는 것이 쉽지는 않을 것이다. 막상 대화 내용을 재연하려고 해도 정확하게 어떤 말을 했는지조차 잘 기억나지 않을 때가 많기 때문이다.

　만일 이 학생이 골목길에서 본 장면에 대한 자신의 생각과 느낌을 강조해서 썼더라면 독자는 이 골목길의 모습을 이처럼 생생하게 느낄 수 없을 것이다. 이 골목길에서 느낀 독자의 느낌이나 생각은 화자의 그것

108

과는 다를 수도 있다. 그런데 이 시는 골목길에서 느낀 화자의 생각과 느낌을 최대한 배제함으로써 대상을 있는 그대로 보여 주려고 했고, 그 결과 독자는 골목길의 모습을 생생하게 경험할 수 있다. 자신의 생각과 느낌을 강조하는 것은 대상에 대한 이해를 왜곡할 가능성이 있기 때문에 가능하면 대상을 자세히 관찰하여 있는 그대로 묘사하는 것이 좋다.

틀니

박윤정(성내중 3)

(가) 학원에 다녀오는 길이었다. 거의 9시쯤 버스를 타고 귀가하던 중이었는데 그날따라 웬일인지 버스도 텅텅 비어서 사람들은 모두 앉아 있었고 빈 자리도 듬성듬성 조용한 분위기였다.

(나) 이런저런 생각을 하며 창밖을 보고 있는데 중간의 어느 정거장에서 아저씨라기보다는 나이가 좀 드신, 60이 다 되어 보이는 분께서 술에 취하셨는지 몸을 비틀거리며 올라오셨다.

(다) 그런데 잠시 후 힘겹게 기침하는 소리가 났다. 그 소리와 함께 뭔가가 달그락거리며 떨어지는 소리가 났다. 버스 안이 조용했던지라 그 소리는 선명하게 들렸고, 버스 안의 사람들의 모든 시선은 그 기침 소리가 난 곳으로 향했다. 그 소리는 내리는 문 바로 뒤에 앉아 계시는, 아까 그 술 취한 채 몸을 못 가누시던 아저씨의 기침 소리였다.

(라) 그런데 사람들이 갑자기 킥킥 대며 웃기 시작했다. 창밖으로 고개를 돌린 채 또는 둘이 서로 마주 보며 소리를 죽이고들 웃는

것이었다. 그 아저씨 맞은편, 그러니까 가운데 공간 건너편에 앉아 있던 나는 왜들 그러나 싶어 그 아저씨를 다시 살폈다. 엉덩이를 쑥 뺀 채 "음냐 음냐"거리며 주무시고 계시는 아저씨는 잠바를 입고 계셨고, 신발도 신었고, 바닥까지 시선이 갔고, 그 다음번엔 나도 그만 웃음을 터뜨릴 수밖에 없었다. 발 옆에 글쎄, 이게 웬일이냐! 보기에도 이상하게 생긴 틀니가 그 아저씨 발 옆에 떨어져 있었던 것이다. 술에 취한 채 주무시며 기침을 해서인지 그 소중한 틀니가 빠진 줄도 모르고 계속 주무시는 아저씨, 바닥에 떨어져 나동그라져 있는 틀니. 정말 웃음밖에 안 나오는 상황이었다.

(마) 그런데 사태는 더 악화되어 버스가 움직일 때마다 틀니도 움직여 뒷문의 내리는 계단 모서리에 걸쳐져 있었다. 버스 안의 웃음바다는 이내 조용해졌지만 틀니가 문밖으로 떨어질지도 모르는 심각한 사태에 대해 반응을 보이는 이는 없었다. 나는 슬며시 걱정이 되기 시작했다. 틀니를 주워 주는 사람도 없고, 그렇다고 저 아저씨가 일어나서 주울 리도 없고, 결국 가련한 틀니는 누군가의 발에 채여 버스 밖으로 떨어지겠구나. 저걸 어째? 서로서로 눈치를 살피는 사이, 어느새 버스는 우리 집 두 정거장 전쯤에 와 있었다. 더욱 조급해진 나는 순간적으로 큰 결단을 내렸다. 다른 사람이 주워 주겠지 하고 미루느니 그 일을 내가 하겠다고 말이다. 어쩌다 이 사회가 이런 일을 하는 데 창피함을 무릅써야 하는지 잘 이해가 되지는 않았지만 나는 귀가 멍멍해질 정도로 쿵쿵거리는 심장을 억누르며 일어나 가방에서 휴지를 꺼내 귀퉁이에 위태위태 걸쳐져 있는 틀니를 집어서 쌌다.

(바) 가히 좋다고 할 수 없는 이상한 감촉의 틀니 뭉치를 입이 홀쭉한 아저씨의 잠바 주머니에 얼른 넣었다. 아직도 까맣게 모르고 주무시는 아저씨에게 말이다.

(사) 빨개져서 더워진 얼굴을 손으로 부쳐 식히는 나를 뒤로 하고 버스는 다른 차들 속으로 사라져 버렸다.

이 이야기는 버스를 타면서 시작해서 버스에서 내린 것으로 끝나는 구조로 되어 있다. 이 이야기를 사건별로 구성해 보면 다음과 같다.

(가) 학원에서 귀가하는 버스를 탔다.

(나) 술 취한 아저씨가 들어왔다.

(다) 기침 소리와 함께 달그락거리는 소리가 들렸다.

(라) 아저씨가 틀니를 떨어뜨려서 사람들이 웃어 댔다.

(마) 틀니가 버스 계단 모서리에 걸쳐져서 위태로워 보였다.

(바) 아무도 관심을 갖지 않아서 화자가 틀니를 주워 드렸다.

(사) 버스가 화자를 내려 두고 떠났다.

이 사건들 중에서 핵심적인 사건은 (다)-(바)까지라고 할 수 있다. (가)-(나)는 배경과 인물 소개이기 때문에 간략하게 기술했고, (다)에서부터 사건이 본격적으로 진행되기 때문에 자세히 기술하고 있다. 이 사건에서 가장 극적인 부분이 (라)이기 때문에 이 부분은 매우 자세히 서술했다. (마)에서는 화자가 행동할 수밖에 없는 문제 상황이 제시되었고, (바)에서는 화자가 행동하는 모습이 묘사되고 있다.

이 이야기가 재미있게 잘 읽히는 이유는 이야기의 기본 요소들이 빠짐없이 잘 반영되어 있고, 중요한 부분은 자세히 기술하고 중요하지 않은 부분은 간략히 서술해서 독자의 궁금증을 잘 해소해 주었기 때문이다. 불필요한 감상이나 해석을 최소화하고 상황을 선명하게 보여 주는 방식으로 서술하고 있어서 독자들은 마치 한 편의 동영상을 보는 것처럼 생생하게 화자의 상황을 이해할 수 있다.

대상을 묘사한다고 해서 무조건 자세히 묘사하는 것이 좋은 것은 아니다. 중요한 부분은 자세히 묘사하고 중요하지 않은 부분은 간략히 해야 상황에 몰입할 수 있다. 또한 직접적인 감정 표현보다 "빨개져서 더워진 얼굴을 손으로 부쳐 식히는" 것처럼 사실적인 묘사가 더 강한 느낌을 줄 수 있다.

1. 다음 글에서 화자가 경험한 핵심 사건과 화자의 생각과 느낌을 기술한 부분을 찾아서 비교해 보자.

나쁜 오빠

"넌 밑바닥 깔아 주기 싫으면 인문계 말고 실업계를 가서 기술이나 자격증을 따야 해."

중학교 때 선생님은 나에게 종종 이런 말씀을 하시곤 하셨다.

그때는 그런 말을 들어도 별다른 감흥도 느끼지 못했고, 기분이 나쁘지도 좋지도 않았었다. 그저 난 공부를 하는 이유도 몰랐고, 할 마음이 눈곱만큼도 없었다.

그 당시 나는 정말 좋아하는 오빠가 있었다. 교회를 같이 다니던 옆집 오빠 덕분에 알게 되었는데, 키도 크고 잘생기고 성격도 좋고 자상하고 그야말로 내가 꿈꿔 왔던 이상형이었다. 그 오빠는 그때 1년 동안 미국에서 공부를 하다가 한국에 와서 검정고시를 준비하는 학생이었다. 짝사랑을 하고 있던 어느 날 나는 내 마음을 고백하기로 마음먹었다. 하지만 돌아온 답변은 나를 정말 충격먹게 만들었었다. 나처럼 공부 안 하고 나이에 맞지 않게 화장 진하고, 짧은 치마를 입고 다니는 여자는 싫다고, 너도 어서 정신 차리고 공부나 열심히 하라고……

그 말이 나를 공부하게 만든 계기가 된 셈이다. 그때 난 중학교 3학년 1학기 기말고사를 앞두고 있었다. 남들보다 늦게 시작한 공부라서 힘들긴 했지만, 나는 남들보다 훨씬 더 열심히 했다. 친구들이 놀 때 독서실을 가고, 난생처음 과외라는 것도 받아 보고 심지어는 하루에 12시간 이상씩 앉아서 공부를 한 적도 있었다. 그렇게 기말고사가 끝나고 평균 55점이라는 점수를 받았다. 남들에겐 별 거 아닌 점수겠지만 평균 30점이 나올까 말까 하던 나에게는 정말 엄청난 점수였다. 그 후로 나를 바라보는 선생님들의 시선도 달라졌다. 난 더더욱 탄력을 받았고, 여름방학 때도 여전히 열심히 했다. 노는 걸 아예 버리진 못했지만 꾸준히 부족한 과목을 채워 나갔다. 기적은 계속 일어났다. 개학하고 나서 본 중간고사에선 평균 70점, 기말고사에선 평균 88점이란 점수를 얻었다. 100점을 받은 과목도 있었다. 나를 포함한 모든 사람들이 놀랐다. 나에게 인문계에 가지 말라던 선생님도 너 정도면 인문계 가서도 열심히 하면 될 것 같다면서 장학금 20만 원을 주셨다. 그것도 개인적인 돈으로……. 더불어 난 학교 대표로 학업 진보상도 받았다.

지금 생각하면 살면서 그렇게까지 뿌듯했던 적은 없었던 것 같다. 노력과 성취는 비례한다는 게 정말 맞는 것 같다. 지금은 그때 내게 그런 충격을 안겨 준 나의 첫사랑 오빠에게 고마울 뿐이다. 사람은 어떤 일을 성취하기 위해선 적지 않은 충격이 필요한 것 같다. 덕분에 난 지금의 도봉고등학교에 입학할 수 있게 되었다. 지금도 난 많이 부족하지만 그때 그 뿌듯함과 성취감을 잊지 않고 열심히 하려 한다.

2. 앞의 이야기에서 핵심적인 사건을 화자의 생각과 느낌을 최소화하여 재구성해 보자.

07

주장은
근거에 의해
뒷받침되어야 한다

주장과 근거 —

언어만 있고 사물이 없는 글을 짓지 말 것,
아프지도 않은데 신음하는 글을 짓지 말 것!

– 후스 –

사람은 혼자서 사는 것이 아니기 때문에 다른 사람들과 세상의 여러 가지 문제에 대해 다양한 견해를 주고받으면서 살게 된다. 이렇게 여러 사람들과 주고받은 삶의 견해가 쌓이면서 자신의 가치관과 세계관을 형성하게 되고, 이 가치관이나 세계관에 따라 또 다른 자신의 견해가 형성된다. 내가 오늘 받아들이는 다른 사람의 견해는 나의 삶에 영향을 미치고, 나의 주장 또한 다른 사람에게 영향을 미치게 된다. 따라서 남의 주장을 받아들이거나 나의 주장을 펼칠 때는 그것이 타당하고 옳은 것인지를 검증하는 과정이 반드시 필요하다. 무비판적으로 남의 주장을 수용하고 나의 주장을 일방적으로 밀어붙이기만 한다면 우리가 몸담은 공동체는 올바르지 않은 생각들이 넘쳐나 심각한 혼란과 갈등을 겪을 수밖에 없다.

　그렇다면 주장이 타당한 것인지를 어떻게 판단할 수 있을까? 주장이 타당하기 위해서는 근거가 타당하게 제시되어야 한다. 예를 들어 '동물을 보호하자.'는 말은 어떤 경우에도 타당한 주장이라고 할 수 있다. 그러나 '동물을 먹지 말자.'는 주장은 항상 타당한 것은 아니다. '동물은 우리의 친구이며, 동물도 인간처럼 감정을 느끼고 생각을 한다. 따라서 동물을 먹는 것은 인간을 먹는 것과 같다.'는 근거에 의하면 타당한 주장이 되지만 '인간은 잡식성 동물이고 동물성 단백질을 섭취해야 생명을 유지할 수 있다.'는 근거에 의하면 타당한 주장이 되지 않기 때문이다.

이렇게 보면 우리가 사용하는 주장에는 근거나 입증이 필요 없는 보편타당한 것들도 있지만 어떤 사실이나 근거에 의해서만 타당성을 입증받는 주장도 있다. 따라서 주장을 주고받을 때는 그 주장이 어떻게 뒷받침되는지를 판단할 수 있어야 한다. 상대방의 주장이 특정한 조건이나 상황에만 적용되는 것인지, 모든 상황에서 보편적으로 적용되는 것인지를 판단해야 하며, 주장을 뒷받침하는 근거가 충분하고 타당한 것인지를 따져 봐야 한다.

다음은 「꺼삐딴 리」라는 작품을 읽고 한 학생이 쓴 독서 감상문이다.

꺼삐딴 리

김은선(도봉고 2)

(가) 정말 어이가 없을 정도로 이인국 박사는 계산적이다. 일제시대에는 일본에 빌붙어 살아가다가 광복 후에는 소련군에게 아첨하고, 월남한 후에는 친미주의자가 된다. 자신의 안위와 평화만을 생각하고 자기 자신만의 주관이 없는 것 같았다. 아니, 주관이 없다기보다는 '자신에게 이익이 되는 길을 찾는 것'이 그의 주관일 것이다. 이 사람은 사람의 생명을 구하는 의사라기보다는 상술에 의지하는 사업가 같다. 환자를 진찰할 때도 그 환자의 경제력부터 확인하는 것이 시작이고, 중요한 거물이 아니면 모든 일을 아랫사람에

게 맡긴다. 그리고 자신의 이중적인 진료법에 만족하며 살아가고
있다.

(나) 어떻게 이런 사람이 잘살게 되는지 나는 그 이유를 모르겠다.
시대가 불안한 때에 살았음에도 언제나 능수능란하게 처신했기 때
문일까? 그렇다면 사람은 저렇게 항상 이해타산적이고 계산적이
어야만 성공할 수 있을까? 이렇게 이인국에 대해 비판을 하려고 해
도 나는 그럴 만한 처지는 못 되는 듯싶다. 속으로는 그의 처세술
에 감탄하고 있었으니 말이다. 처음 이 책을 읽었을 때는 무조건 이
인국이 나쁘다고 생각했다. 나라를 위해서 싸우는 사람들은 고통
받고 있는데 친일파 사람들은 부유했으니 말이다. 애국자들은 나
라를 지킨다는 '정의'를 택했는데 그 정의가 성공을 안겨다 주지는
않았다. 정의를 배신했는데도 성공한 이인국이라는 사람은 대체
어떤 사람일까? 왜 옳은 것을 행하지 않는 자에게 성공이 주어질
까? 나는 그 답을 대충은 찾은 것 같다. 정의를 배반하여 얻은 행복
은 그리 오래가지 않는다. 그렇기 때문에 사람들은 정의를 숭배하
는 것이다.

(다) 지금의 나 역시 이인국의 처세가 옳다고는 생각하지 않는다.
그러나 이인국 박사의 행동을 이해하게 되었고 인정하게 되었다.
그 이유는 사람은 누구나 자기 자신이 첫 번째이기 때문이다. "너,
죽을래 살래?"라는 물음에 열이면 열 다 "살래."라는 말을 하는 것
이 당연하듯이 말이다.

(라) 예전에 '죄와 벌'이라는 책을 읽은 적이 있다. 주인공은 '정의'
를 위해서는 그것을 방해하는 법을 무시해도 괜찮다고 생각하고

살인을 저질렀다. 하지만 아무리 정의가 중요해도 생명을 소중히 해야 한다는 제일 중요한 또 하나의 정의를 어겼기 때문에 주인공은 괴로워했을 것이다. 이처럼 사람은 모순적이다.

(마) 아무리 봐도 이 책은 이인국 박사를 비판하는 것처럼 보인다. 하지만 나는 그 사람의 처지를 조금은 이해했다고 생각한다. 아무튼 나라보다 개인의 이익을 사랑했던 이인국 박사는 돈에 눈이 멀어 있는 나와 현대인들에게 무엇이 더 중요한가를 깨닫게 해 주는 좋은 계기가 될 것 같다.

이 글에서 제시된 논지의 흐름을 정리해 보면 다음과 같다.

(가) [인물의 성격] 이인국은 자신에게 이익이 되는 길만을 찾는 계산적인 인물이다.

(나) [문제 제기] 항상 이해 타산적이고 정의롭지 않은 인물이 성공하는 이유는 무엇일까?

(다) [긍정 평가1] 인간은 생존을 우선시하므로 이인국의 행동을 이해할 수 있다.

(라) [긍정 평가2] 정의보다 생명이 중요하기 때문에 이인국의 행동을 이해할 수 있다.

(마) [마무리] 이인국은 돈에 눈이 멀어 있는 현대인에게 무엇이 더 중요한지를 깨닫게 해 준다.

필자는 (가)에서 먼저 인물의 성격을 분석하고 이인국이 이해 타산적이고 정의롭지 않은 인물이라고 해석하였다. 그런데 (나)에 가서 이런 정의롭지 않은 인물이 왜 성공하고, 정의로운 사람들이 성공하지 못하는가라는 의문을 제기한다. 그리고 그 의문에 대한 답으로 정의를 배반하여 얻은 행복은 오래가지 않는다는 답을 내놓았다. 그런데 (다)에서부터는 이인국 박사의 행동을 이해할 수 있다는 주장을 제시하고 있다. 필자는 그 근거로 『죄와 벌』을 예로 들어 정의보다는 생명이 더 중요하다는 점을 내세우고 있으며, (마)에서는 이 책은 이인국 박사를 비판하고 있지만 자신은 그의 행동을 이해할 수 있다고 마무리했다.

책에서는 이인국이 국가나 사회보다는 자신의 안위만을 생각하는 계산적인 인물로 그려지고 있지만 이 학생 필자는 이인국의 행동을 비난할수는 없고 충분히 이해할 수 있는 행동이라고 평가하고 있다. 필자의 주장을 재구성해 보면 다음과 같다.

대전제 : 사회정의보다는 생명이 더 우선하는 가치이다.
소전제 : 이인국은 자신의 안위와 평화만을 추구하는 인물이다.
결 론 : 이인국의 행동은 인간적인 것으로 이해할 수 있다.

이 논리적 추론 과정을 보면 필자의 주장은 '인간은 누구나 정의보다는 생존을 우선시한다.'라는 전제에 의해서 뒷받침되고 있다. 사회정의도 궁극적으로는 인간의 생존과 행복을 위한 것이기 때문에 생명보다 우선하는 가치는 없다는 대전제는 입증을 필요로 하지 않는 보편적인 주장이라고 할 수 있다. 그러나 대전제가 참이라고 해서 필자의 주장이 반드시 옳은 것은 아니다. 소전제인 이인국의 행동이 이 전제에 부합하는지를 충분히 검토해야 결론의 타당성을 확인할 수 있다.

　그런데 자신의 이익과 안위만을 추구하는 이인국의 행동이 '생존'을 목적으로 한 것인지에 대해서는 논란의 여지가 있다. 예를 들어 감옥에서 죽을 수 있는 상황에서 전염병을 치료하고 소련군 장교의 혹을 수술해 주고 풀려난 것은 생존을 위한 목적이라고 할 수 있을 것이다. 그러나 돈 많은 환자만을 가려 받고, 미군 장교에게 환심을 사려고 국보급 골동품을 선물하는 행동을 생존은 위한 목적이라고 하기는 어렵다.

　이인국의 행동이 생존을 위한 어쩔 수 없는 행동이었다면 필자의 주장은 정당화될 수 있지만, 이인국이 생존을 위한 목적이 아닌 개인적인 명예와 부를 목적으로 사회정의를 저해했다면 그의 행동은 정당화되기 힘들다. 필자는 이인국이 '자기 이익만을 추구하는 계산적인 인물'라는 것을 인정하면서도 '정의보다는 생명이 우선하는 가치'라는 근거로 그를 이해할 수 있다고 판단했다. 그러나 이인국의 행동이 생존을 위한 어쩔 수 없는 행동이었다는 근거가 제시되지 않았기 때문에 필자의 주장은 타당하다고 할 수 없다. 입증되지 않은 주장은 주장으로 성립하지 않기 때문이다.

　이 학생의 주장은 처음부터 끝까지 일관되지 못하였다. 정의를 배반하여 얻은 행복은 그리 오래가지 않는다고 했다가 정의보다는 생존이 더 중요한 가치라는 점을 지적하였고, 이인국을 이해할 수 있다고 하면서 나라보다 개인의 이익을 사랑했던 이인국 박사는 돈에 눈이 멀어 있는 나와 현대인들에게 무엇이 소중한가를 깨닫게 해 주는 계기가 될 것 같다고 하였다. 필자의 주장이 무엇인지 혼란스럽다.

영화 〈암살〉(최동훈 감독, 2015년)의 한 장면. 무장항일투쟁사를 바탕으로 한 영화로, 자신의 이익을 위해 동지들을 배신하는 염석진의 모습은 「꺼삐딴 리」의 '이인국'을 떠오르게 한다.

한류를 통해 역사 왜곡을 바로잡자

정재윤(도봉고 1)

2001년부터 시작된 일본 후소사 역사 교과서의 왜곡이 2차 대전 때의 만행을 축소, 은폐한 것만으로 모자라 이번에는 독도를 일본 땅으로 표현했다. 연초부터 불거진 독도 문제도 그렇고 이런 일본의 망발이 일어날 때마다 우리나라 사람들은 일장기를 불태우거나 심지어는 자살까지 하면서 항의하고 있다.

그러나 정작 일본인들은 이런 반응을 이해하지 못하고 오히려 난폭하다며 비난의 대상으로 삼고 있다. 결국 아무리 항의한다 해도 그것이 국내에 한정된다면 나라 밖에서 바뀌는 것은 아무것도 없다.

섬나라 일본의 사람들은 '궁지에 몰리면 적의 손에 죽던가 빠져 죽는 방법밖에 없다.'라 생각하면서 절대로 손해 보는 일을 하지 않는다. 이런 천성 때문에 일본인은 아무리 틀린 일이라도 다수가 옳다고 하면 그것에 따른다. 역사 왜곡의 주축은 일본의 극우 세력이다. 그들은 소수지만 그 사람들 뒤에는 야쿠자나 정, 재계를 주름잡는 이들도 있어서 역사 왜곡을 막으려는 움직임은 일본 내에서는 미약하다. 아니, 대중은 개인 중심이다. 애국심이나 역사의식도 부족해 "일제의 만행은 우리 조상들의 잘못이지 우리의 잘못이 아니다."라며 문제에 관심이 없거나 아예 모르는 사람들도 있을 것이다.

일본의 역사 왜곡을 막는 방법은 일본의 잘못을 온 세계, 특히 일본의 대중에게 알려 스스로 왜곡된 길을 못 걷도록 하는 것이다. 우리말로 우리 방송에서 아무리 일본의 잘못을 알린들 일본인이 알 길이 있겠는가? 그들은 아무 이유도 모른 채 우리가 일본 대사관 앞에서 일장기를 태우는 장면을 국영방송인 NHK를 통해 보면서 '저렇게 반일 감정이 심한데 한국에 가면 안 되겠다.'라는 생각만 할 것이다. 우리는 일본어로 된 자료를 인천 국제공항이든, 더 나가서 도쿄 신주쿠 거리에 공중 살포를 하든 일본 대중에게 직접적으로 제공해야 한다.

다행히 우리에게는 자료들을 신주쿠에 공중 살포하는 것보다 훨씬 효과적인 방법이 있다. 바로 '보아', '욘사마'로 대표되는 한류 열풍이다. 일본 전역의 여성들은 '욘사마'에 이미 푹 빠져 있다. 이런 상황에서 욘사마가 직접 나서서 "저를 아껴 주시는 일본인들께서는 선진 국민으로서 올바른 역사관을 가지고 있음을 믿습니다. 이번 역사 왜곡 시도는 시도만으로 끝날 것이라 믿습니다. 저는 한국인이고, 한국과 일본 모두 사랑합니다. 다만 옳고 그름을 확실히 해서 더욱 사랑하고 싶을 뿐입니다."라고 한다면 일본의 대중, 특히 여성층이 이번 문제에 관심을 가지고 나설 계기가 될 수 있을 것이다.

중국의 동북공정도 그렇고 일본의 역사 왜곡도 그렇고, 근본적인 원인은 우리 역사에 대한 대외 홍보 부족이다. 요즘은 월드컵이나 우리 기업의 해외 진출로 인지도가 생겼지만 얼마 전까지만 해도 외국 사람들은 한국을 '한국전쟁의 나라', '일본 옆의 나라'라고 생각하거나 심지어 있는지도 모르는 사람도 있었다. 반면 일본은 자신들을 홍보하는 데 힘써 일본을 모르는 사람은 거의 없고, 외국 지도에는 동해와 독도가 일본해와 다케시마로 되어 있을 정도다.

역사 왜곡을 바로잡는 방법은 여러 가지가 있을 것이다. 그 방법들 중에서 서로 목소리를 높이지 않고 원만히 해결하는 방법은 문화를 통해 간접적으로 홍보해, 스스로 잘못되었음을 알고 바로잡으려 노력하게 만드는 것이다. 이미 한류는 일본인들의 마음을 사로잡았다. 이제 한류를 이용해 일본인들이 스스로 잘못하고 있다고 생각하게 만드는 일만이 남았다. 이렇게 되면 역사 왜곡도 바로잡고 외화도 벌어오는 일석이조를 달성할 수 있을 것이다.

글의 내용이 다소 산만한 편인데 핵심 내용을 단락별로 정리해 보면 다음과 같다.

(가) 일본의 역사 왜곡에 우리나라 사람들은 일장기를 태우며 항의한다.

(나) 이러한 항의 방식은 비난만 살 뿐 문제 해결에 도움이 되지 않는다.

(다) 역사 왜곡의 주축은 극우 세력이며, 일본의 대중들은 역사 왜곡에 무관심하다.

(라) 일본의 역사 왜곡을 막는 방법은 세계와 일본 국민들에게 일본의 잘못을 알리는 것이다.

(마) 한류 열풍을 이용해서 홍보하는 것이 좋은 방안이다.

(바) 역사 왜곡의 근본적인 원인은 홍보 부족 때문이다.

(사) 한류를 이용해 일본 스스로 잘못을 인정하도록 하자.

이 글의 학생 필자는 일본의 역사 왜곡에 대한 우리나라 사람들의 대응 방식에 문제가 있다는 데서 논의를 시작하고 있다. 일장기를 불태우거나 자살하는 방식으로는 일본인들을 설득하기 어렵다고 보는 것이다. 그 대안으로 필자는 일본인들에게 영향력이 있는 한류를 활용해서 홍보를 하자는 제안을 하고 있다. 사회적인 문제에 대해 학생 수준에서 문제의 원인을 분석하고 대안을 제시하려고 했다는 점에서 의미가 있는 글이라고 할 수 있다. 그러나 이런 제안이 공동체 구성원들에게 받아들여지기 위해서는 그 제안이 타당하고 실현 가능한 것이어야 한다.

문제 제기 : 일본의 역사 왜곡에 분노하고 항의하는 것으로는 한계
　　　　가 있다.
문제 원인 : 일본의 역사 왜곡은 우리 역사에 대한 홍보 부족 때문
　　　　이다.
문제 해결 : 한류를 이용해서 우리 역사에 대한 홍보를 하면 일본
　　　　인 스스로 잘못을 인정할 것이다.

　이 글에서 필자는 일본의 역사 왜곡 사태의 원인을 홍보 부족이라고
판단하고 그 해결 방안으로 한류를 이용해서 홍보를 강화하자고 제안하
고 있다. 그렇다면 먼저 일본의 역사 왜곡 문제가 홍보 부족에서 발생하
는 것인지 검토해야 한다. 필자가 지적했듯이 일본의 역사 왜곡은 군국
주의를 미화하는 지배 세력에 의해 조직적으로 이루어지고 있다. 이는
역사 왜곡의 원인이 우리 역사에 대한 홍보 부족 때문이 아니라 일본 내
군국주의 세력의 정치적 목적 때문이라는 것을 의미한다.
　일본의 역사 왜곡이 정치적 목적으로 자행되기 때문에 이 문제를 해
결하는 방안 역시 정치적으로 할 수밖에 없다. 역사적 진실을 규명하여
세계에 알리는 한편, 국제정치 무대를 통해서 일본의 만행을 고발하여
압력을 행사하는 등의 방식이 있을 수 있다. 따라서 이 학생의 문제 원인
에 대한 진단은 정확하지 않다고 하더라도 문제의 해결 방향이 완전히
어긋난 것은 아니라고 할 수 있다.
　그렇다면 이제 필자가 제안한 한류를 이용한 홍보 방안의 현실성을
살펴보자. 필자는 욘사마가 역사 왜곡과 같은 정치적인 문제에 대해 발
언을 하면 일본인들이 귀를 기울일 것이라고 생각하지만 반드시 그렇지

는 않다. 일본인들이 열광하는 것은 배우로서 욘사마지 역사 전문가로서의 욘사마가 아니기 때문이다. 따라서 비록 욘사마가 역사 문제에 대해 발언을 한다고 해도 일본의 대중들은 신뢰하지 않을 가능성이 높다. 오히려 욘사마의 부적절한 정치적 발언으로 인해 한류에 찬물을 끼얹을 수도 있다.

'욘사마' 열풍과 함께 일본에 한류 붐을 일으키는 기폭제가 된 드라마 〈겨울연가〉.

실례로 고구려 시대를 배경으로 한 드라마 중에는 중국의 반응을 의식해서 역사적 배경 자체를 완전히 제거해 일종의 판타지로 만들어 버린 작품도 있었다. 만일 민감한 역사적 문제를 다루고 있는 작품이 만들어진다면 오히려 역풍이 불 수도 있는 것이다. 일본 정부가 수입을 불허한다든지, 우익의 공격으로 정상적인 배급이 불가능하다든지, 우익 언론에 의해 악의적인 왜곡이 이루어질 수도 있다. 오히려 그동안 긍정적으로 받아들여졌던 한류 자체가 위기에 봉착할 수도 있다.

필자가 제안한 한류를 이용한 직접적인 홍보 방안은 여러 가지 한계가 있지만 한국의 역사와 문화에 대한 이해를 높이는 문화 교류는 한국과 일본의 관계를 개선하고 역사 왜곡을 막는데 기여할 수 있을 것으로 보인다. 필자가 지적한 대로 일장기를 태운다거나 자살을 시도하는 등의 폭력적인 방식보다는 문화적 접촉을 넓혀서 한국에 대한 이해를 넓히는 것이 장기적으로 극우 세력의 목소리를 약화시키고 양심적 지식인 세력을 강화하는 데 도움을 줄 수 있을 것이다.

한일 관계의 역사적 문제는 복잡한 문제라고 할 수 있다. 그럼에도 불구하고 이 학생은 사회적인 문제에 대해 나름대로 진단하고 해결 방안을 제시하려고 노력했다. 비록 논리가 비약하는 부분이 있긴 하지만 그래도 그 의도나 방향은 매우 의미가 있는 것이다. 역사 왜곡에 대처하는 우리의 자세가 그저 분노 표출에 그쳐서는 안 된다는 점, 문화적 접근을 통해서 서로 간의 이해를 높이도록 해야 한다는 점은 참고할 만하다.

글을 쓴다는 것은 자신의 주장을 사회 공동체에 내놓는 것이기 때문에 그 주장이 타당해야 한다. 타당한 주장은 받아들여지지만 그렇지 않은 주장은 받아들여지지 않는다. 따라서 자신의 주장이 왜 타당한지를 다양한 근거와 사실을 통해서 입증해야 한다. 주장의 타당성을 입증하기 위해서 논리적 추론을 활용하기도 하지만 무엇보다도 먼저 문제의 원인과 해결 방안에 대해서 다양한 자료를 수집해서 검토하고 숙고하는 것이 필요하다.

1. 다음 글을 읽고 주장과 근거가 무엇인지 분석해 보자.

'귀족 수학여행'을 바라보는 우리의 시선

평소와 다름없이 인터넷으로 최신 연예 뉴스 소식을 보다가 가장 많이 본 사회면 1위의 제목이 눈에 들어왔다. 뉴시스 4월 14일자 기사인 일부 학교의 여전한 '귀족 수학여행'에 대한 보도였다. 14일 서울시 교육청에 따르면 지난해 수학여행을 다녀온 1,292개 초·중·고등학교 중 56개교가 국외 수학여행을 다녀왔다고 한다. 금액은 평균 89만 6,595원으로 유럽이 295만 2,000원으로 가장 비쌌으며 동남아 108만 645원, 일본 86만 3,489원, 중국 80만 4,428원 등의 순으로 나타났다.

시 교육청 관계자는 "지난해 국외 수학여행을 갔던 56개교는 모두 사립학교"라며 "학교장이 신념과 뚜렷한 교육적 목적을 갖고 있고, 또 학부모들이 강력하게 원하는데 못 가게 막을 수는 없는 것 아니냐."라고 하면서도 "국외 수학여행의 경우 과거 학부모 동의율 70%에서 80% 넘게 받아야만 추진할 수 있도록 규정을 강화해 점차 감소하는 추세"라고 설명했다.

경주 불국사, 제주도로 수학여행을 가는 건 벌써 옛말일 정도로 시대는 빠르게 변화하고 발전하고 있다. 이 변화의 소용돌이 속에서 1인당 수백만 원의 여행비가 요구되는 이른바 '귀족 수학여행'이 논란에 휩싸였는데 여기서 본래 수학여행의 의미를 생각해 볼 필요가 있다. 수학여행으로 학생들은 무엇을 배울 수 있을까? 그

수학여행의 장소가 국내이든 국외이든 다양한 것을 느끼고 체험해 학생들에게 어떤 도움을 줄 수 있는지에 중점을 둬야 하지 않을까? 단순히 외국으로 수학여행을 간다고 해서 그것을 무작정 비난할 수는 없을 것이다. 한 달에 200만 원을 버는 사람들에겐 꿈도 못 꿀 일이겠지만 한 달에 2,000만 원을 버는 사람들에게는 단순한 일일 수도 있기 때문이다.

이런 뉴스 기사를 보고 상대적 박탈감이나 위화감을 느끼는 것은 구시대적 발상이다. 우리는 흔히 돈이 없는 것은 죄가 아니라고 쉽게 생각하지만 돈이 많은 것 또한 죄가 아니라는 사실은 쉽게 받아들이지 못하는 경향이 있다. 이러한 피해의식과 열등감은 사회 분위기가 어느 정도 조장하는 면도 있지만 어쩌면 우리 스스로가 만든 것은 아닐까?

다만 이러한 학생들이 학교라는 공동체 속에서 자신의 자아를 타자와의 상대적 우월감에서 찾지 않으며 남을 배려할 줄 아는 마음을 배워야 할 것이다. 부자가 있으면 가난한 사람도 있는 법이다. 빈부 격차를 없앨 수는 없는 노릇이니 이들은 서로를 배려하며 살아야 한다. 사회적 약자인 가난한 이들을 위한 정책이나 제도 및 가치관의 변화가 있어야만 서로 공생할 수 있을 것이다.

2. 이 글의 주장과 근거가 타당한지 평가해 보고 반대 입장에서 반박의 근거를 제시해 보자.

08

문장은
논리적이어야 한다

문장 쓰기 —

무엇을 쓰든 짧게 써라. 그러면 읽힐 것이다.
명료하게 써라. 그러면 이해될 것이다.
그림같이 써라. 그러면 기억 속에 머물 것이다.

– 조지프 풀리처 –

글쓰기는 결국 문장을 통해서 구현된다. 머릿속에 아무리 많은 생각이 일어도 글은 한 글자 한 글자 순차적으로 나열해야만 완성될 수 있다. 그래서 머릿속의 생각이 입체적인 형태를 띠고 있다면 글은 선적인 형태를 띤다고 한다. 따라서 글을 쓰려면 머릿속의 복잡한 생각을 낱말의 선적인 배열 형태로 바꾸어 놓아야 한다. 머릿속의 다양한 생각들은 절구로 찧으면 튀어 날아가는 쌀알철럼 언제 어디로 튈지 모른다. 이처럼 산만한 생각들을 정리하여 마치 쌀알을 빻아서 가래떡을 만들 듯 질서 있는 낱말의 배열 형태로 만들어 놓은 것이 문장이다. 그렇기에 문장은 논리적으로 구성되어야 하며, 문장과 문장 간에도 논리적인 연관관계를 갖도록 배치해야 한다.

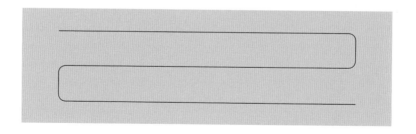

세탁 타크로란 무엇인가.

세파타크로는 이제부터 나의 인생이다.
이여 나의 모든걸 걸었고
열심 히하고 싶다.
그런데 ... 아 아니다.
코치 님은 우리 보다 많이 살아서
또 우리가 많이 모르는걸 잘 알고
게신다. 여자 의 모든걸 알고
게시는 거 같다 ㅋㅎ.
잘 배뭐 야 겠다.

세탁 타크로한 나에게 무엇인가?
백대현

이음부터 뭐 말인지 모르겠다
그런데 코 치 님과 운동을 재보니
어느 정도 알거 같고 재있다
공부는 포 기했다 세탁 타크그에
전념을 하겠다 나에게 세탁 타크구
는 이제부터 미래여 꿈이다

끝

흔히 문장 쓰기에서는 문법적인 규칙의 준수를 중시한다. 그러나 문법적인 규칙의 준수보다 더 중요하게 신경 써야 할 부분이 논리적인 일관성이다. 자신이 표현하고자 하는 내용이 논리적으로 잘 구성되면 문법적인 규칙에도 잘 들어맞을 가능성이 높다. 따라서 문법적 규칙의 준수 여부는 내용의 논리적 구성 다음으로 고민해도 되는 문제이다. 모국어를 완전히 습득한 5세 이상의 아동들은 통사적 규칙에 익숙하기 때문에 이상한 문장은 스스로 걸러낼 수 있다. 따라서 문법적 규칙의 준수 여부는 고쳐 쓰기 단계에서도 충분히 점검할 수 있다.

사진 속의 글은 인터넷에 올라온 학생들의 글이다. 두 학생이 쓴 글 중에서 더 잘 썼다고 생각되는 글은 어느 것인가? 이 글을 쓰라고 한 선생님은 아마도 세팍타크로 코치가 아닐까 싶다. 그리고 그 선생님이 학생들에게 세팍타크로가 자신의 삶에서 어떤 의미가 있는지를 써 보라고 했던 것 같다. 두 학생의 문장은 통사론적으로는 크게 문제가 없는 것으로 보인다. 맞춤법의 준수나 글씨의 형태를 보면 윗글이 아랫글보다 더 정확하고 깨끗하다. 따라서 외형적으로 언뜻 볼 때는 윗글이 아랫글보다 더 잘 쓴 것처럼 느껴진다. 그러나 머릿속의 생각을 낱말로 어떻게 표현했는가 하는 점에서 보면 윗글은 매우 혼란스럽다. 가래떡이 쭉쭉 뽑아져 나오는 것이 아니라 중간중간에 끊어지고 휘어져서 이상한 가래떡이 되어 버렸다. 세팍타크로를 열심히 하고 싶다는 생각을 표현하고 나서는 곧 아니라고 하고, 그러다가 느닷없이 코치가 여자의 모든 걸 알고 있다는 얘기를 하더니 또다시 잘 배워야겠다는 다짐으로 끝나고 말았다. 도대체 뭘 잘 배우겠다는 것인지 알 수가 없을 뿐더러 내용 연결이 안 되고 가닥가닥 끊어지기 때문에 어떤 생각을 하고 있는지 이해하기가 어렵다.

　　이에 반해 아래 학생의 글에서는 세팍타크로가 뭔지는 잘 모르겠지만 재미있고, 또 공부는 포기했기 때문에 미래의 꿈으로 열심히 해 보겠다는 생각이 잘 드러나 있다. 문장은 짧지만 나름대로 내용 연결이 잘 되어 있어서 이 학생이 세팍타크로에 대해 어떤 생각을 갖고 있는지 쉽게 파악할 수 있다. 우리의 생각은 입체적이고 문장은 선적인 구조이기 때문에 입체적인 생각을 표현하기 위해서는 문장이 논리적으로 잘 연결되어야 한다. 따라서 문장을 정확하게 쓰고 문장과 문장이 논리적으로 잘 이어지면 생각이 분명하게 드러나 좋은 글이 된다.

윗글은 세팍타크로가 자신의 삶에 어떤 의미가 있는가 하는 문제로 문장을 이어 가다가 곧 다른 생각으로 빠져 버렸다. 왜 이런 일들이 벌어지는 걸까? 사실 우리의 뇌는 다양한 생각들이 번쩍번쩍 빛을 내면서 순간적으로 지나가기 때문에 이야기의 줄기를 잘 잡고 가지 않으면 다른 길로 새기 십상이다. 윗글은 생각이 떠오르는 대로 문장을 써 나갔기 때문에 문장과 문장 간의 연결이 안 되고 끊어져 버렸다. 반면에 아랫글은 세팍타크로가 자신의 삶에 어떤 의미가 있는가 하는 질문에 대해 충실하게 생각을 정리하면서 문장을 이어 나갔다. 그 결과 아래 학생의 글은 나름대로 논리적 일관성을 갖춘 글이 된 것이다. 이처럼 문장이 논리적으로 잘 연결되어야 통일성을 갖춘 글이 된다.

사회적 글쓰기

윤상규(도봉고 2)

우리나라의 인구는 4천7백만 정도이다. 서울과 수도권 인구가 2천만이 넘는 수로 좁은 땅에 우리나라의 절반이 살고 있는 셈이다. 그러나 이 문제의 심각성을 서울과 수도권에 사는 사람들은 인식하지 못하는 것이 더 큰 문제가 아닌가 생각한다. 나 또한 이 글을 쓰기 전까지 심각성을 인식하지 못하였다. ①그것은 이미 우리가 지방에 있는 사람들보다 부와 정보, 그리고 지식을 더 갖고 있어서 그것들을 뺏기지 않으려는 뼛속 깊이 남아 있는 우열감이다. 그렇다면 인구의 집중으로 일어나는 사회적 문제는 어떤 것이 있을까? ②먼저 직장이 몰려 있고 교육을 배울 수 있는 곳들이 집중되어 있기 때문에 매일 반복되는 교통체증 우리는 이제 아침 또는 저녁에 만원버스가 익숙하다. 어느날 우연히 자리가 남아 앉게 된다면 복권 맞은 느낌처럼 그렇게 좋을 수가 없다. 이건 좀 더 배부른 자들의 여유일 수도 있다. 인구가 너무 많아 직업을 구하기 힘든 실업자들. 그들 중에 우리 가장도 없지 않게 있다. ③지방에는 일자리가 남아돌고 노동력이 부족한 것이 우리나라의 현실이다. ④그래서 지방에 있는 직장은 상대적으로 서울에 비해 경제력이 훨씬 떨어져 빈부 격차를 초래한다.

⑤실업자들뿐만 아니라 주택이 부족하여 우리 주위에서도 난쟁이와 같은 소설에서 읽었던 빈민층들은 서울로 들어오는 인구들에 의해 외곽 지역으로 쫓기고 또 쫓기고 그들도 엄연히 우리나라의 주인인데 자신들의 삶의 터전을 뺏기는 안타까운 일이 아직도 우리가 웃고 떠들고 행복한 시간에 그들은 지옥과 같은 인생의 쓰린 맛을 느끼고 있다. ⑥근본적으로 인구의 분산과 기반 기능을 분산시켜 국토의 균형발전을 하여 사회문제를 줄일 수 있는 힘을 가지고 있는 것은 정부이다. 그들이 자주 이런 문제를 등한시할수록 서민들에 입가의 웃음을 메마르게 하는 것이다. 정부가 하루빨리 형평성을 추구하는 정책을 내세워 지방에 성장을 도와주고 많은 혜택을 주어 인구의 분산을 촉구하여 균형적인 국토가 되었으면 하는 바이다.

이 글 역시 많은 문제점을 가지고 있다. 글을 쓴 의도는 어느 정도 알 수 있지만 문장이 어색하고 불필요한 내용이 끼어들고 논리적으로 연결이 안 되는 등 많은 문제점을 드러내고 있다. 우선 문장이 가래떡처럼 잘 뽑아져 나와야 하는데 엿가락처럼 뚝뚝 부러진다. 게다가 엿이 아닌 것들도 섞여 있어서 엿판을 어지럽히고 있다. 이 학생의 문장 표현에서 가장 문제가 되는 부분들을 살펴보면 다음과 같다.

① 그것은 이미 우리가 지방에 있는 사람들보다 부와 정보, 그리고 지식을 더 갖고 있어서 그것들을 뺏기지 않으려는 뼛속 깊이 남아 있는 우열감이다.

☞ 이 부분은 수도권에 부와 정보가 집중되어 있는 문제를 지적한 것으로 보이는데, 인구 집중의 문제가 수도권 사람들의 '우월감'에서 비롯되는 것은 아니기 때문에 논리적인 오류라고 할 수 있다.

② 먼저 직장이 몰려 있고 교육을 배울 수 있는 곳들이 집중되어 있기 때문에 매일 반복되는 교통체증 우리는 이제 아침 또는 저녁에 만원버스가 익숙하다.

☞ 서로 다른 두 문장을 이어 붙여서 어색하다. 내용적으로는 이해가 되지만 문법적으로 적절하지 않다.

③ 지방에는 일자리가 남아돌고 노동력이 부족한 것이 우리나라의 현실이다.

☞ 지방에는 일자리가 남아돈다는 것과 노동력이 부족하다는 말은 논리적으로 서로 모순되는 말이다.

④ 그래서 지방에 있는 직장은 상대적으로 서울에 비해 경제력이 훨씬 떨어져 빈부 격차를 초래한다.

☞ 앞의 문장과 '그래서'로 연결되어 있는데 앞 문장과 뒤 문장 사이에 인과관계가 성립하지 않기 때문에 논리적인 오류를 범하고 있다. '그래서'라는 접속사를 잘못 사용한 것이라면 문법적인 오류라고 할 수 있다.

⑤ 실업자들뿐만 아니라 주택이 부족하여 우리 주위에서도 난쟁이와 같은 소설에서 읽었던 빈민층들은 서울로 들어오는 인구들에 의해 외곽 지역으로 쫓기고 또 쫓기고 그들도 엄연히 우리나라의 주인인데 자신들의 삶의 터전을 뺏기는 안타까운 일이 아직도 우리가 웃고 떠들고 행복한 시간에 그들은 지옥과 같은 인생의 쓰린 맛을 느끼고 있다.

☞ 여러 문장을 한 문장으로 엮어서 어색한 문장이 되었다. 문장 연결의 오류로, 문법적인 오류의 유형으로 볼 수 있다.

⑥ 근본적으로 인구의 분산과 기반 기능을 분산시켜 국토의 균형 발전을 하여 사회문제를 줄일 수 있는 힘을 가지고 있는 것은 정부이다.

☞ 주어가 너무 뒤에 위치해 있어 어색하다. 논리적인 오류라기보다는 문법적인 오류에 해당한다.

이 학생이 쓴 문장 중에서 어색하거나 이해되지 않는 문장을 살펴보면 논리적인 오류를 범하고 있는 것과 문법적인 오류를 범하고 있는 것으로 구분할 수 있다. 물론 논리적인 오류는 문법적인 오류도 동반하기 때문에 이 둘을 엄격히 구분하기는 쉽지 않다. 학생이 쓴 문장의 오류를 하나하나 지적하지 않고 수도권 인구 집중의 문제점과 대책 등으로 내용을 구분해서 문단을 명확하게 구분하라는 피드백을 제공하고 다시 쓰게 했다. 그 결과 다음과 같은 글이 만들어졌다.

과도한 인구 집중으로 일어나는 사회문제

윤상규(도봉고 2)

우리나라의 인구는 4천7백만 정도이며 그중에서 수도권 인구가 2천만이 넘는 수로 좁은 땅에 우리나라의 절반이 살고 있는 셈이다. 그러나 이 문제의 심각성을 서울과 수도권에 사는 사람들은 인식하지 못하는 것이 더 큰 문제가 아닌가 생각해 본다. 그렇다면 인구의 집중으로 일어나는 사회적 문제에는 어떤 것이 있을까?

먼저 교육 시설이 집중되어 있는 수도권은 지방 도시와 비교해서 확실한 벽이 존재하는 것이 현실이다. 수도권에 있는 몇몇의 사람들은 EBS와 강남교육청 홈페이지와 같은 저렴한 가격으로 누구나 배울 수 있는 평등한 교육 기회를 제공해 준다고 역설할 것이다. 실상 그것은 이미 우리가 지방에 있는 사람들보다 부와 정보, 그리고 지식을 더 갖고 있어서 그것들을 뺏기지 않으려는 뼛속 깊이 남아 있는 우열감이다.

둘째로는 인구가 너무 많아 직업을 구하기 힘든 실업자들 중에

우리의 가장도 없지 않게 있다. 지방에는 일자리가 남아돌고 노동력이 부족한 것이 우리나라의 현실이다. 그렇기 때문에 지방에 있는 직장은 상대적으로 서울에 비해 경제력이 훨씬 떨어져 빈부 격차를 초래한다.

셋째로는 많은 인구를 충당할 수 있는 주택이 부족하다. 돈이 있는 사람은 살 수 있지만 없는 사람은 살 수 없다. 우리가 흔히 알고 있는 소설 '난쟁이가 쏘아올린 작은 공'을 기억할 것이다. 1970년대를 배경으로 하는 소설 속에 난쟁이 가족들과 같은 빈민층들이 아직도 존재한다. 아름다운 서울 뒷골목에 쓰라린 난쟁이들의 절규가 들리지 않는가? 한번 귀 기울여야 할 때가 왔다.

이 모든 것들이 해결되기 위해서는 정부가 적극적이고 구체적인 해결 방안을 제시해야 할 것이다. 도시의 기반 기능을 분산시켜 국토의 거점 개발 방식에서 벗어나 균형적인 개발을 해야 한다. 기반 기능을 살펴본다면 행정 기능과 고급 서비스 업무 등을 분산시켜 줘야 한다. 더불어 인구도 분산시켜야 한다. 이미 수도권에 살고 있는 인구를 이동시키는 게 쉽지 않겠지만 여러 가지 혜택을 준다면 가능할 것이다. 정부가 더 이상 눈 가리고 아웅하는 태도를 탈피하여 형평성을 추구하는 정책을 내세워 지방의 성장을 도와주어 균형적인 국토가 되어 사회문제가 줄어든다면 이보다 더 좋은 것이 어디 있을까 생각한다.

수정된 글에서는 의식 흐름의 기법 같은 문장의 오류가 많이 줄어들었고, 불충분하던 정보가 채워져서 내용이 좀 더 풍부해졌다. 문장의 연결도 초고보다는 많이 자연스러워졌다. 그런데 초고에서 확인되었던 문법적인 오류의 문장은 거의 사라졌으나 논리적인 오류로 인해 어색한 문장은 그대로 살아남았다. "지방에는 일자리가 남아돌고 노동력이 부족한 것이 우리나라의 현실이다. 그렇기 때문에 지방에 있는 직장은 상대적으로 서울에 비해 경제력이 훨씬 떨어져 빈부 격차를 초래한다."라는 문장을 보면 초고에서 사용했던 '그래서'를 '그렇기 때문에'로 바꾸었을 뿐이다. 문제는 이렇게 바꾸어도 논리적인 오류는 여전하다는 점이다.

이것을 통해서 보면 단순한 통사적 오류는 고쳐 쓰기 과정을 통해서 줄일 수 있지만 논리적인 오류는 다시 쓰기를 통해서도 고치기가 쉽지 않다는 것을 알 수 있다. 논리적인 오류는 단순한 규칙의 위반이 아니라 그 문제에 대한 필자의 생각이 아직 충분히 성숙하지 않았기 때문에 발생하는 것이다. 따라서 이러한 문제는 다른 사람이 읽고 피드백을 해 주면 훨씬 빨리 수정할 수 있지만, 다른 사람의 도움을 받지 못한다면 다음 날 일어나 새로운 기분으로 다시 읽어 보면서 오류를 확인해 보는 것이 좋다.

1. 다음 글을 읽고 잘 이해가 되지 않는 어색한 문장을 찾아 보자.

제 이름은 이○○입니다. 저는 돈을 디질라게 좋아합니다. 하지만 돈을 모으지는 못합니다. 돈을 좋아하는 만큼 있기만 하면 물 쓰듯이 펑펑 다 써 버립니다. 지금부터 저와 돈의 일들을 말해 보겠습니다.

제가 초등학교 3학년 때쯤에 설을 맞이해서 4만 원이라는 거금을 받았습니다. 전 엄마께 뺏기기 싫어서 당일치기로 모두 써 버렸습니다. 집에 오니 엄마가 돈을 달라고 하셨지만 다 썼다니까 혼내시진 않고 황당한 표정을 하였습니다. 이처럼 저는 돈을 쓰는 법을 모릅니다.

이건 언제 일인지 잘 모르지만 아빠께서 무엇을 하시고 남은 동전을 모두 장롱 밑에 넣으셨습니다. 전 제가 좋아하는 동전들이 데구르 구르는 광경을 목격하고 말았습니다. 다음 날부터 옷걸이를 길게 펴서 500원씩 꺼내 썼습니다. 그런데 언젠가부터 동전이 더 이상 나오질 않자 저는 심장이 42,195km라도 뛴 것처럼 콩닥거렸습니다. 두려움으로 살고 있는데 이사를 간다고 하셨습니다. 짐을 옮기던 중 아빠가 저를 부르셨고 어쩔 수 없이 그 일을 정직하게 말했습니다. 이사 때문에 그 일은 뽀록나고 말았습니다. 아빠는 이삿날에 성질내는 게 싫으셔서 참으신 것 같았습니다. 저는 집에서 사고뭉치 그 자체였습니다.

그 일이 있은 뒤 저는 마음에 드는 장난감이 생겨서 엄마에게 사달라고 했지만 결사반대이셔서 할 수 없이 하면 안 될 짓인 엄마의 지갑에서 만 원을 슬쩍해서 그동안 갖고 싶은 것들을 냅다 사 버렸습니다. 엄마는 저에게 어디서 났느냐며 "네가 죽나 내가 죽나 해 보자."라고 하시며 방문을 잠그고 빗자루로 개 패듯이 때렸습니다. 그 뒤로도 1, 2번 더 했지만 다행히 걸리지 않았지만 죄책감은 있었습니다. 그 후로 저는 그런 짓을 다시는 하지 않습니다.

모두들 저 같은 경우가 있을 겁니다. 조마조마해서 말도 못하고 제 생각에는 양치기 소년의 이야기가 공감이 됩니다. 제가 슬쩍을 많이 해서 그런지 지금도 제 잘못으로 오해를 받으면 저는 짜증만 냅니다. 돈은 며칠 뒤 서랍에서 기어 나옵니다. 돈은 저와 인연이 깊나 봅니다. 엄마도 항상 "넌 돈 많이 쓰니까 돈 많이 벌어야 돼." 라고 하십니다. 저도 그러길 바랍니다. 전 이번 자기소개서를 하면서 다시 한 번 옛날 일을 반성할 수 있어서 좋았고, 이 글을 통해 이런 일들이 일어나지 않도록 돈을 쓸 때는 쓰고 아낄 때는 아끼는 그런 저축적인 구두쇠처럼 돈을 모으고 싶어서 돈을 주제로 정한 것입니다.

2. 다음 (가), (나)의 문장을 논리적 연관을 갖도록 자연스럽게 고쳐 써 보자.

(가)

그 뒤로도 1, 2번 더 했지만 다행히 걸리지 않았지만 죄책감은 있었습니다.

(나)

그 일이 있은 뒤 저는 마음에 드는 장난감이 생겨서 엄마에게 사 달라고 했지만 결사반대이셔서 할 수 없이 하면 안 될 짓인 엄마의 지갑에서 만 원을 슬쩍해서 그동안 갖고 싶은 것들을 냅다 사 버렸습니다.

09

피드백을 받고
고쳐 써야 한다

모든 초고는 걸레다.

- 어니스트 헤밍웨이 -

한국 축구를 한 차원 높여 주는 데 기여한 인물을 들라면 2002년 한일월드컵 때 대한민국 감독을 맡았던 히딩크 감독을 꼽을 수 있다. 우리나라가 월드컵 4강에 올라갈 수 있었던 데는 물론 홈 경기라는 이점도 있었지만 히딩크 감독의 지도와 전략에 힘입은 바가 적지 않다. 히딩크 감독은 박지성을 비롯한 한국 축구의 스타를 발굴했을 뿐만 아니라 뛰어난 용병술로 한국팀을 월드컵 4강에 올려놓았기 때문이다.

축구는 선수들이 하는데 많은 나라에서 실력 있는 감독을 영입하기 위해서 투자를 하는 이유가 무엇일까? 이는 다른 분야와 마찬가지로 축구에서도 지도자의 영향력이 크기 때문이다. 감독은 선수를 선발하고 훈련시킬 뿐만 아니라 경기의 전략과 전술을 책임지는 위치에 있다. 따라서 감독의 안목이 뛰어나지 않으면 좋은 선수를 선발하기도 어렵고 선수들을 체계적으로 훈련시키기도 힘들다. 경기를 할 때도 마찬가지다. 훌륭한 감독이 있어야 훌륭한 선수도 탄생할 수 있는 것이다.

축구에서 지도자의 역할이 중요한 만큼 글쓰기에서도 교사의 역할이 중요하다. 자기가 쓴 글이 어느 수준인지 자기가 판단하기는 어렵다. 만일 자기가 쓴 글이 어떤지를 알고 싶다면 주변의 다른 사람들에게 읽혀 보면 된다. 친구나 부모님이나 선생님, 누구라도 다른 사람에게 읽혀 보고 반응을 살펴보라. 그러면 자신이 쓴 글이 다른 사람에게 어떻게 읽히는지를 알 수 있을 것이다. 따라서 어떤 글이든지 글을 쓰고 나서는 다른 사람에게 읽혀서 피드백을 받는 것이 좋다.

그러나 이왕이면 글쓰기 전문가에게 피드백을 받을 수 있다면 훨씬 좋을 것이다. 자신의 글이 가진 문제점이나 이를 개선하는 방법, 나아가 자신의 글쓰기 능력을 향상시키기 위한 처방 등을 얻을 수 있기 때문이다. 축구를 잘하기 위해서도 오랜 시간 연습과 훈련이 필요한 법이다. 하물며 글쓰기는 정신 능력을 단련시키는 것이기 때문에 근육 훈련 이상으로 연습과 훈련이 필요하다. 옛날에는 훌륭한 글 선생님을 찾아가서 글을 배우곤 했는데, 요즘은 훌륭한 과외 선생님을 찾아가는 시대가 되었다. 따라서 주변에 글쓰기 전문가가 있다면 적극적으로 도움을 받는 것이 좋다.

그러나 대부분의 학생들은 지도교사가 있어도 자기 글을 보여 주기 싫어한다. 글이란 결국 자기를 노출하는 것이기 때문에 다른 사람이 자신의 내밀한 부분을 들여다보는 것을 꺼리는 까닭이다. 그런데 이런 태도를 갖고 있으면 자신을 객관적으로 볼 수 없다. 다른 사람의 시각에서 자신의 모습을 볼 수 있어야 자신의 장단점을 파악할 수 있기 때문이다. 주변에 글쓰기 전문가가 없다면 친구나 부모님과 같은 주변 사람들의 피드백을 받는 것도 도움이 된다. 사람들은 대체로 자기 눈의 대들보는 잘 보지 못하지만 남의 눈의 티눈은 잘 보는 경향이 있다. 따라서 독자의 시선으로 봤을 때 자기 글이 어떻게 읽히는지를 파악하는 것이 중요하다.

다음은 중학교 1학년 학생을 대상으로 시 쓰기를 지도한 사례이다.
이 학생은 여러 차례 고쳐 쓰기를 통해서 다음과 같은 시를 완성하였다.

내 동생 (최종)

조소정(도봉고 1)

세 살짜리 내 동생
내가 학교 가려고 하면
"공부 열씨미 해~."
학교 갔다 오면
"공부 열씨미 해떠?"

세 살짜리 내 동생
곰 세 마리 노래 부르면
"아빠 곰은 날씬해."
"엄마 곰은 날씬해."
"애기 곰은 날씬해."

세 살짜리 내 동생
내가 싸우기라도 하면
"너이들, 혼난다!"
"호랑아, 큰언니 짠언니 자바가라"
귀여운 내 동생

이 시는 귀여운 동생의 행동과 말투를 3연에 걸쳐서 자세히 묘사한 다음 '귀여운 내 동생'으로 마무리했다. 동생의 모습을 설명하지 않고 묘사했기 때문에 독자는 동생의 귀여운 행동과 말투를 보는 듯하다. 구성이 단순하고 표현도 어렵지 않아서 누구나 쉽게 쓸 수 있을 것 같다. 하지만 이 작품은 단번에 쓰여진 것이 아니라 여러 차례 고쳐서 마무리한 작품이다. 이 학생이 처음에 쓴 글은 다음과 같다.

내 동생 (첫 번째)

집을 나가기 전 엄마가
"잘 갔다 와, 공부 열심히 해." 하면
내 동생도 따라서
"공부 열씨미 해~." 한다.

학교 갔다 와서 엄마가
"공부 열심히 했어?" 하면
내 동생도 따라서
"공부 열씨미 해써?" 한다.

공부란 걸 알고 하는 소린지
공부 열심히 하라고
공부 열심히 했냐고 한다.

미치겠다.

처음 작품에서는 학교에 갈 때와 올 때 엄마의 말을 따라 하는 동생의 말투를 비교적 자세히 묘사하고 그 느낌까지 덧붙이고 있다. 아마도 글쓴이는 이 장면에서 동생이 귀엽다는 것을 강하게 느꼈을 것이다. 그런 점에서 보면 이 첫 번째 글이 글쓴이의 순수한 마음이 가장 잘 드러나 있다고 할 수 있다. 그러나 자세히 뜯어보면 학교에 갈 때의 말과 집으로 돌아왔을 때의 말이 비슷하게 반복될 뿐 아니라 느낌을 표현한 3연에서도 반복돼서 지루하게 늘어진다. 특히 3연의 내용은 1, 2연에서 발생한 느낌을 덧붙인 것이어서 군더더기가 될 뿐이다. 그래서 학교 갈 때와 돌아왔을 때의 내용을 간략하게 압축하고 동생의 귀여운 말투를 좀 더 찾아서 내용을 풍부하게 구성하는 것이 좋겠다고 피드백을 했다. 그 결과 나온 두 번째 작품이 다음 시다.

내 동생 (두 번째)

매일 아침 엄마가
"공부 열심히 해." 하면
내 동생도
"공부 열씨미 해."

곰 세 마리 노래 부르면
"아빠 곰은 날씬해.
엄마 곰은 날씬해.
애기 곰은 날씬해."

다 날씬하다고 한다.

내가 싸우기라도 하면
"호랑아, 큰언니 짠언니 자바가라."

공부 열심히 하라는
개사해서 노래하는
호랑이를 부른다는

내 동생

두 번째 시에서는 앞의 내용이 한 연으로 압축되고 두 가지 사례가 더 보태져 훨씬 내용이 풍부해졌다. 그러나 설명하려는 버릇은 여전하다. 그래서 설명하지 말고 몇 개의 장면을 압축해서 보여 주는 것으로 마무리하는 것이 좋겠다고 피드백을 했다. 이 과정을 통해 앞에서 본 최종 작품이 탄생했다. 자기 생각과 느낌을 자세히 설명하려는 경향은 줄글을 쓰는 버릇에서 나온 것이다. 학생들은 시를 쓸 때도 이런 줄글 습관을 버리지 못하기 때문에 불필요한 설명이 많다. 그러나 시의 특징은 화자의 심정을 구구절절이 나열하는 것이 아니라 대상을 압축해서 보여 주는 데 있다.

물론 어떤 사람들은 처음 쓴 시가 훨씬 때 묻지 않고 학생다운 글이어서 좋다고 평가할 수도 있다. 학생 자신의 솔직한 표현만을 중시한다면 이러한 판단이 옳을 것이다. 그러나 동생의 모습을 얼마나 잘 표현했는가

하는 점에서 보면 여러 차례 고쳐 쓰기를 통해서 나온 최종 작품이 동생의 모습을 훨씬 생동감 있게 드러냈다고 할 수 있다.

위의 사례처럼 교사의 체계적인 피드백에 따라 고쳐 쓰기가 이루어질 수도 있지만 자기 평가나 동료 평가를 통해서도 고쳐 쓰기가 이루어질 수 있다. 다음은 대학교 신입생이 쓴 자기소개 글로 글쓰기 평가표에 따라 고쳐 쓰기를 한 사례이다. 먼저 초고를 읽어 보자.

© 국립한글박물관. 소설가 조정래가 『아리랑』을 집필할 때 썼던 필기구와 취재 노트.

안녕하십니까. 저는 안동대학교 국어교육과 김○○이라고 합니다. 정시 모집으로 입학을 해서 자기소개서를 써 본 적이 없지만 이번 기회에 제 자신에 대해서 몇 자 적어 보겠습니다.

저는 1994년 7월 19일 생으로 태어나기는 부산의 작은 병원에서 태어났고 얼마 지나지 않아 김해로 이사를 갔습니다.

위로는 한 살 터울의 누나가 있고 아래로는 여덟 살 터울의 여동생이 있는데

저희 가족은 부유하지는 않았지만 의식주 부족함 없이 나름대로 화목한 집이었습니다. 특별한 추억도 사고도 없이 평탄하게 유

아기를 보내고 7살 때 불의의 교통사고를 당합니다. 그 교통사고로 인해 왼쪽 다리가 골절되고 앞니가 부서져서 몇 주간 입원 치료를 받습니다. 얼마 지나지 않아 김해에 있는 삼정초등학교를 입학하였고 집안 사정으로 3학년에 삼계초등학교로 전학을 갔습니다.

그 후 집안에 큰 변고가 생겨서 울산에 새롭게 정착을 하였고

울산에 있는 옥현초등학교를 졸업하고 삼호중학교에 입학을 해서 졸업까지 무사히 마쳤습니다. 하지만 초·중학교 시절엔 너무 무난히 학교생활을 해서 그런지 꿈이라는 것에 대하여 깊게 생각해 보지 않았었습니다. 그래서 고등학교 입학 전에 잠시 '내가 하고 싶고 잘하는 것이 뭐가 있을까?'라는 생각을 해 보았습니다.

곰곰이 생각을 해 보니 중학교 시절에 학교 대표로 다른 학교와 경기를 할 만큼 야구에 소질과 관심이 있어 보였던 것이었습니다. 그래서 야구 선수라는 현실성 없는 꿈을 안고 우신고등학교를 입학했습니다.

고등학교를 진학해 보니 제 꿈이 얼마나 현실성 없는 꿈인지를 깨닫고 다시 한 번 제 꿈에 대해 깊게 생각을 해 보았습니다.

내가 할 수 있는 일, 하고 싶은 일, 해야 하는 일

고민 끝에 저는 국어 교사라는 크고 보람 있는 꿈을 가지게 되었습니다.

그 후 어영부영 3년이라는 시간을 보내고 운 좋게도 명문 사범대 안동대학교 국어교육과를 입학하게 되었고, 매일매일 제 선택에 만족하고 제 삶에 감사하며 살고 있습니다. 물론 이 과제를 처음받았을 땐 귀찮기도 했고 뭔가 막막하기도 했지만 이렇게 제 삶에

대해 돌아보고 다시 한 번 감사하는 계기가 된 것 같습니다.

　별로 길지 않고 잘 정리가 되어 있지도 않지만 한 자 한 자 적으며 많은 것을 느끼게 됩니다. 지금 분에 넘치게도 과 대표라는 무거운 자리를 맡고 있지만 앞으로의 대학 생활에서 학창시절에 해 보지 못했고 시도해 보지 못했던 도전들을 해 보며 헛되지 않은 대학 생활을 보내고 싶습니다. 물론 교우관계에 있어서도 하루하루 더 발전하는 제 자신이 될 것이고 내면적으로 성숙한 사람이 되고 싶습니다.

　너무나도 좋고 편한 제 동기들과 부족한 후배 챙기시느라 고생하시지만 항상 웃으며 잘 챙겨 주시는 12학번 선배님들을 만나게 돼서 너무너무 기쁘고 만족스러운 학교생활을 할 수 있을 것 같습니다.

　이제까지 정리되지 않았지만 한 자 한 자 기쁘고 즐거운 마음으로 적어 본 안동대학교 국어교육과 김○○의 자기소개였습니다.

　자기를 소개하는 글쓰기는 다른 사람에게 내가 어떤 사람인지를 설명해 주는 것이다. 그런데 소개해야 할 대상인 '나'라는 사람은 매우 다양한 요소로 구성되어 있기 때문에 무엇을 중심으로 소개해야 할지 난감하다. 그 때문인지 이 학생 역시 자신이 태어난 때부터 시작해서 가족 관계, 지금까지 살아온 역사를 다 소개하고 있다. 그런데 과연 독자가 이렇게 시시콜콜한 이야기를 듣고 싶어 할까? 그리고 이런 이야기를 통해서 '나'라는 인물을 잘 이해할 수 있을까? 다음과 같은 평가지를 활용해서 스스로 점검하고 동료끼리 피드백을 하도록 했다.

1. 독자를 적극적으로 고려하고 있는가?

2. 소개하는 목적이 잘 드러나는가?

3. 자신의 특징이 효과적으로 드러났는가?

4. 글의 일관성과 짜임새가 있는가?

5. 설득력 있는 표현과 일화를 제시하고 있는가?

6. 단락의 구분이 적절하고 표기, 표현이 정확한가?

이 평가지에 비추어 보면 학생의 글은 독자를 고려하는 요소가 부족하고, 왜 무엇을 소개하고자 하는지도 불분명하며, 자신의 특징도 잘 드러나 있지 않다. 또한 글의 일관성과 짜임새도 부족한 편이고 단락 구분도 명확하지 않다. 동료들로부터 이런 피드백을 받고 나서 다시 고쳐 쓴 것이 다음 글이다.

안녕하십니까? 저는 안동대학교 국어교육과 김○○ 이라고 합니다. 저를 비롯해 여기 있는 대부분의 학우분들이 교사의 꿈을 가지고 계시는 걸로 알고 있습니다. 학교에서뿐만 아니라 사회에 나가서도 같은 길을 걷게 될 여러분들 반갑습니다. 다른 분들이 교사의 꿈을 가지게 된 계기는 어떨지 모르지만 저 같은 경우에는 조금 현실적인 계기로 인해 교사의 꿈을 가지게 되었습니다.

저는 고등학교 2학년 시절까지만 해도 야구 선수의 꿈을 가지고서 청소년 야구단에 가입하여 야구를 즐기고 있었습니다. 그렇게 2학년을 학업과는 거리를 둔 채 운동만을 하며 보냈습니다. 그러던 어느 날 부모님께서 진지하게 대화를 하자고 말씀을 하시고는 야구 선수라는 비현실적이고 허황된 꿈 말고 네가 할 수 있는 일이 뭐가 있는지 말을 해 보라고 하셨습니다. 저는 한동안 아무 말도 못하고 고개만 숙인 채 있었고, 부모님께선 네가 무엇을 잘하고 무엇을 하고 싶고 무엇을 할 수 있는지에 대해 깊게 고민해서 정하라고 말씀하셨습니다. 그날 이후 저는 부모님 말씀대로 고심을 해 보았습니다. 그 당시 저의 성적은 형편이 없었고 특별히 공부에 뜻을 두지도 않았기에 현실적인 꿈에 대해 생각해 본 적 없었던 저는 18살의 나이에 처음으로 제 미래를 걱정하게 되었습니다. 그렇게 몇 일간 고민을 하며 지내다가 우연히 인터넷 기사 하나를 보게 되었습니다.

'여성의 배우자 직업 선호도 1위 공무원'이라는 제목의 기사였습니다.

조금은 우습게도 이 기사를 보고서 저는 '아, 공무원!'이라고 생각을 하게 되었습니다. 처음에 이렇게 우연적이고 어린아이같이 꿈을 세우고 나서 과연 공무원 중 어떤 직업이 내가 좋아하고 할 수 있고 적성에 맞는 직업일까를 고심한 끝에 그 당시 여러 과목 중 유일하게 성적이 좋고 흥미가 있었던 국어에 초점을 두게 되었습니다.

평소 야구를 할 때 남을 가르치는 일을 많이 해서 그런지 그 당시 교사라는 직업 자체의 가치와 보람도 많이 느꼈고, 우리나라의 말과 글을 연구하는 일에 대하여도 흥미를 느꼈습니다. 그 뒤 교사라는 꿈을 위해 늦게나마 공부를 시작하였고 정말 운이 좋게도 안동대학교 국어교육과에 추가 합격을 하였습니다.

터무니없는 계기와 목적으로 교사의 꿈을 가졌기에 저도 '과연 내가 평생 동안 교사라는 직업을 가지고 살 수 있을까?'라는 의문이 들었습니다. 하지만 지금은 제가 그 누구보다도 학생들을 가르치고 올바른 길로 인도하는 일에 대해 자신과 애착을 가지고 있다고 확신할 수 있습니다.

사범대에 진학하기 위해 늦게나마 공부를 할 때, 미래에 대해 진지하게 고찰할 때, 교사에 대한 정보를 얻기 위해 선생님들께 조언을 구할 때 등 많은 경험을 겪으며, 시작은 남루하고 초췌했던 나뭇가지에 잎이 피어나고 꽃이 피어나듯 점점 더 교사가 되고 싶고, 되어야 한다고 또 한 번 확신할 수 있습니다.

다른 분들도 저와 같이 교사가 되고 싶다고 생각한 개개인의 계기가 있을 것입니다. 그 계기가 어떻든 지금은 교사가 되고 싶다는 마음은 모두가 똑같을 것이라 생각합니다.

저는 남들보다 시작이 늦었던 만큼 남들보다 한 걸음 더 나아가도록 노력할 것이고 앞으로 4년간 같이 대학 생활을 해야 하는 정말 좋은 동기들과 선배들을 만나서 너무 행복하고 만족합니다. 같은 꿈을 향해 열심히 달려가는 안동대학교 사범대 학생들이 됩시다. 감사합니다.

앞에 제시했던 6가지 평가 기준으로 평가를 해 보면 이 글은 어떤 점수를 받을까? 여러분들이 채점을 해 보면 알겠지만 모든 항목에서 이전보다 향상되었다는 것을 확인할 수 있을 것이다. 무엇보다도 초고에서는 자신의 삶을 일대기 식으로 나열해서 산만한 느낌을 주었으나 수정본에서는 자신의 꿈을 중심으로 내용의 통일성을 갖추어 썼다. 독자가 전혀 관심을 갖지 않는 내용을 과감하게 삭제하고, 일화를 반영해서 내용을 구체화시킴으로써 독자의 흥미와 관심을 높였다. 내용의 통일성이 높아지니까 단락 구분도 상당히 체계화되었다. 자기 평가와 동료 평가를 통해서 고쳐 쓰기를 한 결과 글이 상당히 좋아졌다는 것을 쉽게 알 수 있을 것이다.

초고를 다 쓰고 나서 다시 고쳐 쓰려면 피로도가 높아져서 좋은 글을 쓰기 어렵다. 가능하면 시간적인 여유를 갖고 머리를 비운 다음, 차분한 마음으로 이번에는 독자 입장에서 글을 읽어 본다. 그러면 필자 입장에서 쓸 때와는 다른 기분으로 자신의 글을 바라볼 수 있을 것이다. 이렇게 고쳐 쓰기 과정을 몇 차례 거치고 나면 문장의 완성도가 높아진다. 그런 다음 주변의 친구나 가족에게 읽혀서 반응을 살펴본다. 이렇게 피드백을 받으면 자신이 미처 생각지 못했던 문제를 발견하고 수정할 기회를 얻게 된다. 물론 전문가의 피드백을 받을 수 있다면 더 좋은 발전의 기회를 얻게 될 것이다.

| 쓰기 연습 |

1. 다음은 「표절 논란과 글쓰기」라는 제목으로 필자가 쓴 글의 초고와 수정본이다. 무엇이 달라졌는지 살펴보고 이렇게 수정한 이유가 무엇인지 이야기해 보자.

• 초고

유명인의 논문 표절 논란으로 시끄럽다. 스타 강사 김미경 씨의 석사 논문이 표절이라는 기사가 〈조선일보〉에 보도된 데 이어 배우 김혜수와 방송인 김미화 씨의 논문 표절 기사도 잇달아 터졌다. 흥미로운 것은 당사자인 김미경 씨와 김미화 씨의 경우에는 억울함을 항변하고 있다는 점이다.

〈조선일보〉의 보도를 보면 김미경 씨는 지난 2007년 2월 작성한 석사 학위논문 '남녀평등 의식에 기반을 둔 직장 내 성희롱 예방 교육의 효과성 분석'에서 기존 연구 · 학위논문을 최소 4편 짜깁기했다고 한다. 이에 대해 김미경 씨는 "이 논문은 철저히 설문조사에 기반하고 있습니다. 제가 강의를 다니면서 짬짬이 410명을 대상으로 설문 조사를 벌였고, 그에 대한 분석 내용이 논문의 대다수를 차지하고 있습니다. 때문에 특정 주제에 대해 설문을 만들고 그에 대해 분석한 내용이 누군가의 표절이라는 건 상식적으로 있을 수 없습니다."라고 항변하고 있다.

김미화 씨도 "제 논문의 연구 대상은 유재석과 강호동 두 분이었고, 제작 현장에서 실제로 부딪히며 일하고 있는 제작자 입장에서 이들의 평판이 진행자 선정 과정에 얼마나 영향을 미치는지에 대한 조사 연구였다."라고 하면서도 이론적 배경을 정리하는 과정에서 재인용 표시를 철저히 하지 못한 점이 부족했다고 입장을 밝혔다.

• 수정본

매서운 겨울도 가고 이제는 봄빛이 완연하다. 햇볕은 따사로운데 매스컴에서는 연일 유명인의 논문 표절 논란으로 시끄럽다. 논문 표절의 대상이 정치인이 아니라 유명 방송인과 연예인이라는 점이 흥미를 끈다. 〈조선일보〉 3월 20일자 기사에서는 유명 강사 김 씨가 석사 학위논문을 짜깁기했다고 보도했다. 이에 대해 김 씨는 자신의 논문은 철저히 설문 조사에 기반을 두고 있기 때문에 누군가의 표절이라는 건 상식적으로 있을 수 없다고 말했다.

논문 표절 의혹을 받고 있는 방송인 김 씨도 "제 논문의 연구 대상은 후배인 유재석과 강호동 두 분이었고, 제작 현장에서 실제로 부딪히며 일하고 있는 제작자 입장에서 이들의 평판이 진행자 선정 과정에 얼마나 영향을 미치는지에 대한 조사 연구였다."라고 하면서도 이론적 배경을 정리하는 과정에서 재인용 표시를 철저히 하지 못한 점이 부족했다고 입장을 밝혔다.

2부
글쓰기의 다양한 장르

시 쓰기

생활글 쓰기

소설 쓰기

수필 쓰기

기행문 쓰기

감상문 쓰기

설득하는 글쓰기

정보 전달 글쓰기

자기소개서 쓰기

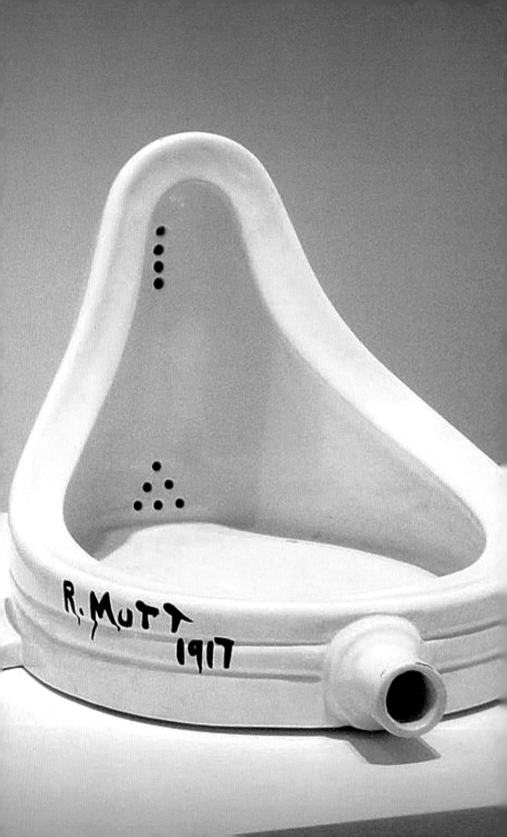

01

내 눈에 비친 세상

시 쓰기 —

시란 마음속에 떠오르는 느낌이나 생각을
짧게 표현한 글이다.

표준국어대사전에서는 시를 "문학의 한 장르. 자연이나 인생에 대하여 일어나는 감흥과 사상 따위를 함축적이고 운율적인 언어로 표현한 글이다."라고 정의하고 있다. 그러나 '함축적이고 운율적인 언어로 표현한 글'로만 시를 정의하게 되면 시 읽기나 시 쓰기는 어려운 일이 된다. 교과서의 시 읽기에서 학생들은 그 '함축적' 의미를 찾느라 힘들어 한다. 결국 대부분의 시 읽기는 학생들이 자유롭게 상상력을 발휘하는 것이 아니라 비평가들의 해석을 일방적으로 전달받는 것으로 끝난다. 이런 시 읽기는 학생들에게 고역이다. 그런데 거기에서 더 나아가 시인이 될 것도 아닌데 왜 학생들이 시까지 써야 하는가?

시를 '함축적이고 운율적인 언어로 표현한 글'로 정의하는 것은 시에 대한 특정한 관점을 반영한 것이지 모든 시가 그런 것은 아니다. 김준오의 『시론』에서는 모방론적 관점, 표현론적 관점, 효용론적 관점, 구조론적 관점 등 시를 보는 데에도 다양한 관점이 있음을 알려 주고 있다. 따라서 시에 대한 정의를 소박하게 '마음속에 떠오르는 느낌이나 생각을 짧게 표현한 글'로 받아들이면 시를 읽거나 쓰는 일은 더 이상 고역이 아

© 국립한글박물관. 가난과 개인적인 사유로 글을 배우지 못한 만학도들이 한글을 깨친 뒤에 쓴 시로 전시회를 열었다.

니라 흥미로운 일이 될 수 있다.

유명한 시인이 쓴 어려운 시만 시가 아니고, 보통 사람들이 쓴 짧은 글도 시가 될 수 있다. 요즘 인터넷을 달구고 있는 시인들의 작품을 보면, 시란 결국 마음속에 떠오르는 느낌이나 생각을 짧게 표현해 재미와 감동을 주는 글이라는 것을 알 수 있다. 우리가 잘 알고 있는 고려가요는 본디 서민들이 즐기던 노래였다. 시라는 것이 시인이나 비평가들의 전유물이 아니라 평범한 사람들의 노랫말과도 같은 것이라고 생각하면 시 읽기나 시 쓰기는 우리의 일상을 한층 풍요롭게 해 주는 일임을 알 수 있다.

4B연필

장재경(도봉고 1)

실수해서 자꾸 떨어뜨린

4B연필

그 실수 덕에 깎아 쓸 때마다

쓰지도 못하고 심이 부러진다.

겉은 멀쩡한데…….

나도 지금은 멀쩡해 보이지만

나중에 날 쓰려고 하면

자꾸 부러지지 않을까?

이 학생은 연필을 자주 떨어뜨린 덕택에 깎아 쓸 때마다 심이 부러지는 것을 보면서 안타까워한다. 나아가 이 학생은 실수를 자주 하는 자신의 운명이 4B연필과 같지 않을까 걱정하고 있다. 자신의 불안한 미래를 4B연필에 비유했다는 점에서 보면 '함축적인 표현'을 사용한 시라고 할 수 있을 것이다. 그러나 이 학생이 '청소년들의 불안한 미래를 4B연필을 통해서 함축적으로 표현하겠다.'라고 생각하면서 이 시를 쓰지는 않았을 것이다. 자주 부러지는 4B연필을 보면서 떠오르는 자신의 생각을 충실하게 표현하다 보니 비유적인 표현으로 나타난 것일 뿐이다. 따라서 시 쓰기에서 굳이 '함축적이고 운율적인 언어'를 강조할 필요는 없다. 언어란 본디 함축적이기 때문에 화자 자신이 세상을 살아가면서 마음속에 일렁이는 '문제'를 감지하고, 이를 남이 이해할 수 있도록 '표현'하는 데 초점을 두는 것이 바람직하다.

앞의 시에서 이 학생은 실수를 해서 떨어뜨린 덕분에 자꾸 부러지는 4B연필을 보면서 '문제'를 감지하게 된다. 자신의 실수 때문에 세상에 나와서 제대로 쓰여 보지 못한 연필심이 안타깝다. 더 나아가 이런 실수가 누적되어 자신의 삶 또한 제대로 피어 보지 못하고 부러지는 것이나 아닌지 걱정스러운 것이다. 화자 자신의 경험에서 감지한 '문제'를 잘 드러내어 남들이 이해할 수 있도록 '표현'했기 때문에 독자의 공감을 이끌어 내는 시가 되었다.

지우개

이성덕(도봉고 1)

늬들은 지우개 다 있지?
근데
깊이 생각이나 해 봤냐?

지 몸 다 없어지도록

늬들 아무 데나
낙서할 때
누가 없애 주냐?
늬들 심심할 때
몸 쪼개서

누가 날아다니냐?

늬들 이름 새길 때

몸 파고 쪼개서

누가 이름 만들어 주냐?

근데

늬들 부모님 생각은 하냐?

근데 왜

지우개 생각은 안 하냐?

학생들은 교실에서 지우개로 다양한 장난을 한다. 지우개 따먹기도 하고 지우개로 이름을 조각하기도 한다. 간혹 수업 시간에 지우개를 쪼개서 던지는 학생들 때문에 수업을 방해받기도 한다. 이 시는 학생들이 지우개를 쪼개서 노는 것을 보면서 마음속에 일어나는 생각을 표현했다. 지우개를 갖고 노는 아이들이 아니라 지우개의 입장에서 학생들의 행동을 생각해 본 것이다. 그런데 지우개가 몸을 파고 쪼개서 이름을 만들어 주는 일에 대해서 이야기하다 보니 부모님 생각이 났나 보다. 좀 생뚱맞지만 지우개의 헌신적인 모습과 부모님의 헌신적인 모습이 겹치기 때문에 별로 어색하지 않고 오히려 의미가 더욱 확장되는 결과를 낳았다.

이 학생의 글에서도 비유적 표현을 발견할 수 있다. 이러한 비유적 표현은 화자 자신의 생각을 확장시키는 데 도움을 준다. 우리의 뇌는 항상 이곳과 저곳을 연결함으로써 정보를 확장하고 발전시킨다. 이러한 사고의 특성을 잘 표현해 주는 것이 비유적인 표현이다. 그러므로 비유적 표현은 다양한 정보들의 네트워크로 이루어진 사고의 특징을 반영한 것이다. 따라서 억지로 비유를 만들기 위해서 애를 쓰지 않아도 된다. 화자 자신의 마음속에 맺힌 생각과 느낌을 충실하게 표현하게 되면, 그것이 비유로 표현될 수도 있고 다른 방식으로 표현될 수도 있다.

음악 시간 때 있었던 일

김정임(성내중 1)

음악 시간 때의 일이었다.
책을 들고 노래를 부르고 있는데
선생님께서 나에게 다가오시더니
내가 하는 노래를 듣고선
음정이 틀리다고 말씀하셨다.
나는 그때 당황했다.
아직까지 음정이 무엇인지 모르고
있었기 때문이다.
나는 이 일이 있은 후부터
음악 선생님이 싫어졌다.
나는 음정이 무엇인지도 모르는데
선생님은 무조건 음정이 틀리다고
말씀하셨기 때문이다.
그 다음 음악 시간에도 선생님께서는

나에게 다가오시더니 또 음정이

틀리다고 말씀하셨다.

나는 이때 선생님이 정말 싫었다.

노래도 부르지 않았는데 음정이 틀리다고

하셨기 때문이다.

　이 시는 화자의 마음속에 일고 있었던 '분노'를 다른 사람이 이해할
수 있도록 '설명'하고 있다. 화자는 자신의 감정을 직접적으로 표현하고,
그 이유 또한 반복해서 자세히 설명하고 있기 때문에 '함축적 표현'을 사
용한 시라고 하기는 어렵다. 그런데 사건이 일어난 이후 제법 시간이 흘
렀음에도 화자가 그때의 상황을 아직도 기억하고 있다는 것은 이 사건이
화자의 마음속에 큰 상처로 남아 있기 때문이다. 화자는 자신이 느꼈던
분노를 다른 사람들이 이해하기를 바랐기 때문에 비유적 표현을 사용하
지 않고 직접적으로 표현하고 자세히 설명한 것이다. 그리고 그렇게 표
현함으로써 독자들도 화자의 상황과 감정을 잘 이해할 수 있고, 화자 또
한 마음속에 맺혔던 분노를 겉으로 드러냄으로써 마음의 위로를 받을 수
있는 기회를 얻게 되었다.

허수아비

김혜수(성내중 1)

바람 부는 들녘에

외로운 허수아비

하나가 서 있다.

참새들이 가짜라며
비웃어도
햇빛이 내리쬐고
바람이 불어와도
묵묵히 서 있다.

누더기를 걸치고
빗물만 마셔도
황금빛 낱알 하나
탐내지 않는다.

우리네 세상에도
묵묵한 허수아비
하나 서 있다.

　이 학생의 글은 대상을 묘사해서 보여 줄 뿐 어떤 감정 표현도 주장
도 하지 않고 있다. 간단한 표현을 통해서 허수아비의 성격을 명확하게
표현하는 것이나 '바람 부는 들녘'의 허수아비를 '우리네 세상'으로 간단
히 옮겨 놓음으로써 의미를 확장시키고 있는 것에서 볼 때, 중학교 학생
으로서는 매우 놀라운 수준이라고 할 수 있다. 이 시는 화자가 세상의 경
험에서 얻은 느낌과 생각을 '함축적이고 운율적인 표현'으로 드러냈다는

점에서 매우 시적이라고 할 수 있다.

이 시에서 화자가 드러내고자 한 것은 세상에서 '깨달은 것'이다. 허수아비처럼 청렴하고 헌신적인 인간이 우리 사회에도 있었으면 하는 마음을 표현하고 있다. 앞의 학생이 드러내고자 했던 '선생님에 대한 분노'와 비교하면 표현하고자 하는 내용의 성격이 매우 다르다는 것을 알 수 있다. 세상에서 깨달은 것을 표현하는 데는 감정의 직접적인 노출이 필요 없기 때문에 객관적인 묘사와 함축적인 표현이 가능했다고 할 수 있다. 반면에 앞의 작품에서 화자는 자신의 경험을 통해서 대상에 대한 '강렬한 분노'를 느끼고 있기 때문에 감정의 직접적인 표출로 나타난 것이다. 따라서 어떻게 표현할 것인가 하는 문제는 표현하고자 하는 내용에 따라 달라지는 것이지 문학적인 표현과 문학적이지 않은 표현이 따로 정해져 있다고 하기는 어렵다.

우리는 익숙하던 사물에서 새로운 것을 발견할 때 놀라운 감동을 경험하게 된다. 어느 날 길가에 있던 가로수에서 새잎이 돋아나는 것을 발견해도 탄성을 지르고, 해마다 다시 피는 꽃을 보며 새로운 감동을 느끼기도 한다. 사물만이 아니라 매일 만나는 사람도 어느 날 새로운 옷차림으로 나타나면 놀라게 되고, 그동안 보지 못했던 새로운 표정을 발견해도 이전과 다른 흥미를 느끼게 된다. 그러니 우리가 늘 새로운 것을 보고 경험할 수 있다면 얼마나 매일의 삶이 흥미롭고 감동적일 것인가? 사실 모든 것은 매일매일 달라지고 있다. 해마다 피는 봄꽃이 같은 꽃이 아닌 것처럼 어제와 똑같은 오늘은 있을 수 없다. 그러나 주변의 사물이나 사람들에 익숙해지면 우리의 눈은 타성에 젖어 작은 변화를 감지하지 못하게 된다. 그리하여 매일매일의 새로움을 경험하지 못하게 되면 우리의 삶은 그만큼 피폐해진다.

변기
박상용(도봉고 1)

속으로 삼키면
슬픔이 사라질 줄 알았는데
아! 어느새 고인 눈물

이 시는 우리가 늘 보는 변기를 새롭게 뒤집어 보고 있다. 변기는 늘 우리가 싸질러 놓은 오물을 삼키고 있기 때문에 변기에 고인 물을 우리는 대부분 더럽다고 생각할 뿐이다. 그런데 글쓴이는 변기의 물을 '속으로 삼키지만 어느새 고인 눈물'로 본다. 글쓴이 덕분에 변기에 대한 우리의 생각은 달라질 것이다. 변기의 물을 그저 더러운 오물만이 아니라 다른 무엇으로 생각할 수 있는 가능성이 열린 것이다. 이 시는 변기에 대한 우리의 고정관념을 깨뜨리고 무한히 새로운 생각을 할 수 있는 가능성을 열어 보였다. 이처럼 뒤집어 보는 일은 매일매일 우리의 삶을 새롭게 만들어 갈 수 있는 마술이다.

태극기

윤성호(도봉고 1)

태극기는 버릇없다.
사천만의 경례를 받아도 인사 한번 안 한다.
멍청한 국민들은 오늘도 태극기에 경례한다.

태극기는 우리나라의 상징이다. 그래서 우리는 늘 태극기를 보며 경례를 하고 '국기에 대한 맹세'를 한다. 태극기는 국가와 동일시되는 경건하고 위대한 대상인 것이다. 그런데 이런 태극기를 사람으로 생각하자마자 태극기에 대한 인식은 완전히 달라져 버린다. 사천만이 경례를 해도 한 번도 인사하지 않는 태극기는 오만하기 짝이 없는 놈이다. 그리고 그런 싸가지 없는 놈에게 늘 경례를 하는 국민들은 '멍청한' 놈들인 것이다. 태극기를 사람으로 보는 것은 불경한 짓일까? 태극기를 사람으로 본다고 해서 불경하거나 어리석은 것은 아닐 것이다. 어리석은 것은 사람도 아닌 태극기에게 그렇게 맹목적으로 충성심을 보이는 '멍청한 국민들'이다.

겉으로만 봐서 잘 알 수 없는 물건은 속을 뒤집어서 살펴봐야 온전히 알 수 있다. 우리가 늘 겉으로만 대하는 것들의 속을 뒤집어 보면 그 속에는 다른 새로운 의미들이 무궁무진하게 드러난다. 속을 뒤집어 볼 때 오히려 그것의 실체가 온전히 드러난다고 할 수 있다. 따라서 뒤집어 보기는 시를 쓰는 하나의 기법만이 아니라 우리가 사물의 실체에 접근하는 하나의 접근법이다. 앞서 말했듯이 우리가 인식할 수 있는 진실은 있는 그대로의 사실이 아니라 우리의 눈을 통해서 받아들인 불완전한 진실이다. 따라서 진실을 인식하기 위해서는 사실만이 아니라 사실을 인식하는 우리의 눈이 달라져야 한다.

쪽지 하나
박설아(장위중 1)

죄송합니다.
집 앞에 똥을 싸서
죄송합니다.

집 안에 들어가 싸려고 했지만
너무 급했습니다.
신문지에 싸여 있다 하여 착각하지 말아 주세요.

어느 집 앞에
붙어 있는 쪽지 하나

이 시는 학생이 지나가다가 본 재미있는 안내문을 그냥 소개한 것이라고 할 수 있다. 따라서 화자 자신의 주관적인 느낌과 생각을 표현한 것이 아니라고 할 수도 있다. 그러나 화자 자신이 경험한 흥미로운 경험을 소개하여 독자가 경험하도록 했다는 점에서 보면 새로운 형태의 시라고 할 수 있다. 사실 이러한 형태의 시는 기성 시인의 작품에서도 확인된다. 황지우의 「심인」은 신문의 구인 광고를 시로 변형시켜 새로운 의미를 창출하였다.

심인

황지우

김종수 80년 5월 이후 가출
소식 두절 11월 3일 입대 영장 나왔음
귀가 요 아는 분 연락 바람 누나
829-1551

이광필 광필아 모든 것을 묻지 않겠다
돌아와서 이야기하자
어머니가 위독하시다

조순혜 21세 아버지가
기다리니 집으로 속히 돌아오라
내가 잘못했다

나는 쭈그리고 앉아

똥을 눈다

(『새들도 세상을 뜨는구나』, 문학과지성사, 1993)

앞에 나온 학생 시는 황지우의 「심인」을 패러디한 것이라고 할 수 있다. 그래도 황지우의 시를 읽고 새로운 상황에 바로 적용한 것을 보면 매우 창의적이다. 언어란 본질적으로 말놀이라고 할 수 있다. 시란 '자연이나 인생에 대하여 일어나는 감흥과 사상 따위를 함축적이고 운율적인 언어로 표현한 글'이라는 고정관념에서 벗어나서 시를 마음속에 떠오르는 느낌이나 생각을 짧게 표현한 글로 보거나 말놀이의 하나로 인식한다면 학생들은 시를 통해서 더욱 다양한 생각과 감정을 표현할 수 있을 것이다. 따라서 시 쓰기를 문학 학습을 위한 수단이 아니라 자신의 생각과 감정을 표현하는 수단으로 볼 때 시는 학생들의 감수성과 창의력을 기르는 강력한 무기가 될 수 있다.

| 쓰기 연습 |

1. 다음 시를 읽고 화자의 느낌과 생각을 어떻게 표현했는지 이야기해 보자.

잉어

옆집 아저씨께서
큰 잉어 한 마리를 가지고 오셨다.
나는 그 잉어를 키우고 싶어서
아빠에게 물어보았다.

"아빠! 나, 저 잉어 키우면 안 돼요?"
"안 돼! 저건 엄마 고아 먹어야 돼."
"왜?"
"엄마 임신했잖아."

안 돼! 나도 안 돼!
저렇게 귀엽고 예쁜데 어떻게 고아 먹어.
'엄만 저런 거 안 먹어.'
안 먹는다 안 먹는다고 생각했다.

"여보! 잉어 다 고았어요?"
난 그 순간 엄마에 대한
믿음이 와르르 무너져 버렸다.

2. 다음 시들의 내용과 표현 방식을 비교해 보자.

1등급

나는 제일 비싼 고기다.

알려 드립니다

어제 여기 소나무에
묶어 논 강아지 가져가신 분께
알려 드립니다.
보신용인 줄 알고
드셨다면 죽을 수도 있습니다.
그 개는 광견병으로
버려진 개입니다.
드셨다면 살아 계셨으면 합니다.
드셔서 이상해지셨다면
삼가 고인의 명복을 빕니다.

무서운 사람들

쓰레기 버리면 고발 조치함
낙서하다 걸리면 사망
몰래카메라 작동 중
노상방뇨 시 그것 절단

무서운 사람들······.

02

나와 세상을 바꾸는
성찰의 힘

생활글 쓰기 ―

생활글 쓰기는 과거에 자신이 겪은 일을
현재적 관점에서 재평가하는 것이다.

언어는 의사소통의 도구이기 때문에 상대방에게 정보와 깨달음을 준다. 따라서 좋은 글을 많이 읽는다는 것은 그만큼 좋은 정보와 깨달음을 얻을 기회를 많이 갖는다는 것을 의미한다. 독서가 마음의 양식이라고 하는 이유도 독서에서 얻은 정보와 깨달음을 통해서 우리의 마음이 성장하기 때문이다. 이러한 글쓰기의 혜택이 독자에게만 미치는 것은 아니다. 글을 쓰는 과정에서 필자 또한 스스로 더 정확한 사실을 파악하게 되고, 그 사건의 의미를 더욱 깊이 있게 성찰하게 된다. 글은 말과 달리 많은 사람들이 읽을 수 있고 오랫동안 보관도 할 수 있기 때문에 더 큰 책임감을 갖고 쓰게 마련이다. 그래서 필자는 보다 정확한 정보를 찾아서 기록하게 되며, 그 사건의 의미를 다각적으로 살펴서 자신의 생각이 편협하지 않은지 스스로 점검하게 된다. 따라서 글쓰기의 과정은 힘들고 복잡하지만 그 과정을 통해서 필자 자신이 세상과 삶에 대해 보다 깊이 성찰하게 되는 것이다.

모든 글쓰기가 다 그렇지만 특히 생활글은 자신이 겪었던 일을 바탕으로 쓰는 글이기 때문에 자신의 삶을 되돌아볼 수 있는 좋은 계기가 된다. 자신이 겪은 일을 기록할 때는 있었던 일을 그대로 기록하는 것이 아니라 과거의 사건을 자신이 이해한 대로 기록하게 되고, 현재 상황에서 재평가를 하게 된다. 예를 들어 과거에 엄마가 나에게 만들어 주었던 음식은 그때의 공간과 분위기와 함께 기억되고, 지금 그 장면을 떠올리게 되면 엄마에 대한 고마움과 그리움이 새록새록해진다. 엄마가 해 주었던 음식은 과거의 사건이지만 엄마에 대한 고마움과 그리운 감정은 당시에 느꼈던 것이라기보다는 현재 필자가 느끼는 감정이다. 따라서 생활글 쓰기는 자신이 겪은 일을 떠올리면서 그 사건의 의미를 재평가하는 성찰의 기회를 제공해 준다.

창피하지 않은 나, 사람, 그리고 세상

임숙현(장위중 3)

지하철을 타고서 친구네 집으로 향하는 중이었다. 멍하게 앉아 있는데, 내 옆으로 한 아줌마와 그 아줌마의 아들인 듯한 유치원생 아이가 앉았다. 평소에 시끄럽고 귀찮다며 아이들을 좋아하지 않는 나로서는 그리 반갑지만은 않았다.

역시나 그날도 그 어린 남자아이는 내가 가지고 있던 파일을 자꾸 만지고 쳐다보며 열려고 하는 것이었다. 겉으로는 아무렇지 않은 듯 그냥 그 아이가 하는 대로 지켜보고 있었지만 속으로는 '뭐야, 짜증나게. 사람들도 다 쳐다보고……. 저 아줌마는 아들이 하는 대로 지켜만 보고 있냐?' 하며 잔뜩 화내고 있었다. 속으로만 투덜투덜거리며 다른 사람들이 나를 쳐다보는 게 싫어 그 아이에겐 아

다니엘 로진(Daniel Rozin) , 〈나무 거울 wooden mirror〉, 1999년
작품과 관객의 소통이 가능하다는 점에서 새로운 표현 방식으로 주목받고 있는 뉴미디
어 아트의 대표 작가 다니엘 로진의 설치 작품. 나무 조각 하나하나가 카드 섹션처럼 움
직이며 전면에 등장하는 사람의 모습을 거울처럼 이미지로 만들어 낸다.

무 관심 없는 듯 가방에서 CD플레이어를 꺼내어 귀에 이어폰을 끼고 소리를 키운 뒤 최대한 듣고 있는 음악에 열중하려 했지만 생각만큼 쉽지 않았다.

그도 그럴 것이 옆에 앉아 있던 남자아이가 자꾸 모자를 썼다 벗었다를 반복하고 있었기 때문이다. 결국 내 모든 시선은 그 아이와 아이의 엄마에게로 향하게 됐다. 아예 CD플레이어의 이어폰까지 빼 버리고서 아이와 엄마에게 집중을 하였다. 가만히 보고 있으니 그 남자아이 혼자서 모자를 썼다 벗었다 하는 것이 아니라 아이는 모자를 자꾸 벗으려 하는 것이었고, 아이의 엄마는 아이가 모자를 벗으면 다시 씌워 주고 있는 것이었다. 나도 그렇지만 주변에 있던 사람들 역시 왜 저렇게 엄마와 아들이 모자 하나를 가지고서 싸우는 것인지 알 수 없다는 표정이었다.

결국 아이의 엄마는 조금 큰 소리로 "너 빨리 모자 안 쓸래? 창피하게 이러고 어떻게 다니려고?" 하며 아이의 머리를 한 대 쥐어박았다. 엄마의 목소리가 커지자 보지 않고 있던 사람들까지 힐끔거리며 쳐다보았다. 내 옆에 앉아 있었기 때문에 나하고 사람들의 눈이 자꾸 마주치기도 해서 괜히 내가 창피해지기 시작했다. 엄마의 꾸중에, 아이는 엄마가 때린 머리가 아팠는지 머리에 손을 대고 씩씩거리며 화를 냈다. 그리고 나서 "내가 안 창피한데 왜 엄마가 그래? 내가 이렇게 다닐 건데, 나는 안 창피한데 왜 엄마는 창피해? 엄마 나빴어! 엄마가 소리 지르니까 창피한 거잖아." 하며 대답을 했다. 물론 아이가 이렇게 정리해서 말하진 못했지만 충분히 그 아이의 마음이 전해졌다.

아이가 고개를 숙였을 때 나는 아이 머리에 크게 구멍이 난 것을 볼 수 있었다. 말로만 듣던 '땜빵'이라는 것을 바로 눈앞에서 볼수 있었다. 평소 같으면 깔깔거리며 웃었을지 모르겠지만 내가 웃어 버리면 아이가 혹시나 창피해 할까 봐, 그리고 사람들이 쳐다볼까 봐 웃지 못하고 참고 있었다. 결국 엄마는 아이의 말에 "알았어."란 한마디로 대답해 버리고 지하철은 이내 조용해졌다.

아이는 그러고 나서도 계속 내 파일을 만지작거렸지만 아까 만큼 아이의 행동이 신경 쓰이지 않았다. 왜냐하면 아이의 말을 되새기고 있었기 때문이다. 아까 듣던 음악보다 아이의 말이 나에게 더 깊숙이 다가왔나 보다. 아까는 그렇게 신경 쓰이던 아이의 행동이 이제는 아무렇지도 않았다. '나는 안 창피한데 왜 그러느냐'는 그 말이 정말 맞는 말 같았다. 나는 왜 그동안 나를 창피해 했는지 말이다. 아이처럼, 어떻게 보면 창피해 할 수 있는 부분을 밖으로 드러낼 줄은 모르고 억지로 더 숨기고만 있었는지 말이다.

다리에 흉터가 많은 나는 여름에도 밖에 나갈 땐 반바지를 잘 입지 않는 편인데 아이를 만났던 날은 반바지 차림이었다. 그래서 아이 옆에 있던 나까지 사람들이 쳐다보니까 속으로 '사람들이 내 다리를 쳐다보며 흉터가 많다며 흉보고 있진 않을까?' 하며 혼자서 창피해 하고 신경 쓰고 있었나 보다. 오히려 그런 내 마음이 나를 내 스스로가 창피하게 만드는 것이란 생각은 못한 채 말이다. 하지만 그 짧은 아이의 말 한마디에 나는 꽤 많은 것을 느꼈고 오랫동안 생각했다.

사람들은 자신의 결점을, 콤플렉스를 누가 알면 어쩌나 하고 숨기고 감추며 창피해 한다. 물론 나 역시 그랬었고 말이다. 하지만 앞으론 그러면 안 되겠다는 생각이 들었다. 그리고 자신의 결점이 창피한 게 아니라 그 마음이 창피함을 알게 되었다. 내가 숨기고 창피해 할수록 사람들이 더 궁금해 하고 이상하게 생각할 수 있다는 것을 느꼈기 때문이다. 동시에 앞으로 나 자신에게 자신감을 가질 수 있는 사람이 되어야겠다는 생각도 했다.

내가 꿈꾸는 세상은 아이와 같은 생각을 하는 사람이 많은 세상이다. 내가 창피하지 않다고 남에게 피해를 주는 행동은 안 되겠지만 자기 자신에게 당당하고, 결점을 숨기고 창피해 하기보단 드러낼 줄 알고 아무렇지 않게 생각할 줄 아는 세상 말이다. 물론 다른 사람들 역시 그 사람에 대해 수군거리고 창피해 하지 않는 세상을 꿈꾼다.

자기 자신에게 당당하고 떳떳한 사람이 되면 자신도 다른 사람도 사랑하는 세상이 될 거란 생각이 들었다. 아이와의 만남은 처음엔 '짜증'이었지만 나중엔 '배움'이라는 것을 알 수 있었다. 자신을 숨기기보단 드러낼 줄 아는 그런 나, 그런 사람, 그런 세상이 얼른 되면 좋겠다.

이 글에서 화자는 지하철에서 만난 아이의 이야기를 소개하고 있다. 머리에 '땜빵'이 난 아이에게 억지로 모자를 씌워 주려는 엄마한테 "나는 안 창피한데 왜 엄마는 창피해?"라고 하는 아이의 말을 듣고 충격을 받는다. 왜냐하면 화자 자신도 다리에 흉터가 있는데 자신은 늘 감추려고만 했기 때문이다. 아이와의 만남을 통해서 화자는 "자신의 결점이 창피

리처드 요쿰(Richard Jochum), 〈아틀라스 시리즈 Atlas-Series〉, 2008년

한 게 아니라 그 마음이 창피함을" 깨닫게 되었다. 그런데 화자의 이러한 깨달음은 당시에도 어느 정도 느꼈을 수 있지만 이 글을 쓰면서 그 의미가 더욱 명확해지고 심화되었다고 할 수 있다. 특히 뒷부분에 제시된 "자기 자신에게 당당하고, 결점을 숨기고 창피해 하기보단 드러낼 줄 알고 아무렇지 않게 생각할 줄 아는 세상"을 꿈꾼다는 화자의 생각은 이 글을 쓰면서 하게 된 생각이라고 할 수 있다.

이 글을 쓴 필자는 과거의 기억 속에서 지하철에서 만난 아이의 이야기를 꺼내서 그 의미를 되새기고 있다. 이 사건을 되살릴 수 있었던 것은 그 기억이 필자에게 강력한 인상을 심어 주었기 때문일 것이다. 하지만 필자가 기술한 사건의 전개 과정은 필자가 재구성한 것이지 실제의 사건 그 자체가 아니다. 아이가 했다고 하는 말도 실제 아이가 한 말이라기보다는 필자가 이해한 내용이라고 할 수 있다. 이처럼 과거의 사건은 화자가 이해한 대로 기억되고, 그것을 기술하는 과정에서 다시 재구성된다. 그리고 그 재구성의 방향은 과거 사건에 대한 화자의 평가를 중심으로 이루어진다. 필자는 당시 사건을 '짜증'으로부터 시작해서 '배움'으로 끝났다고 평가했기 때문에 이러한 평가 방향에 맞추어 사건이 재구성된 것이다. 이러한 평가는 과거의 사건에 대한 필자 자신의 성찰의 결과라고 할 수 있다.

감사스런 나의 인생

구나영(도봉고 2)

태어나서 몸이 안 좋았다고 엄마한테 들었다. 엄마는 나를 안고 서울대병원에 자주 데리고 다녔고, 나를 돌보느라 아빠는 병원 의자에서 잠을 잤던 탓에 체질이 바뀌었다고 한다.

나의 몸 어디가 안 좋았던 것인지 정확히는 잘 모르겠지만 수술을 받지 않으면 목숨이 위험하다고 의사 선생님한테 들어서 엄마는 수술을 받게 했다. 수술을 받으면 귀가 잘 들리지 않게 된다고 의사 선생님에게서 들었고, 그래도 내 목숨을 구할 수만 있다면 좋겠다는 생각에 내 귀의 불편함은 상관없이 엄마는 나를 구하기 위해 수술을 받게 했다.

그 후 수술을 받고 멀쩡하게 살아 있고, 시간이 지나 점점 자라 어느덧 초등학교 1학년의 나이가 되었을 때 특수학교에 보내려고 했지만 내가 거부하는 바람에 1년 늦게 나를 학교에 보냈다고 한다. 그렇게 해서 학교를 다녔는데 귀가 불편하니 말할 때 발음이 안 좋아서 친구를 못 사귀고 어느새부턴가 왕따를 당하면서 지내게 되었다.

초등학교 내내 쭉 친구 없이 지내왔고 중학교에 왔을 때는 더 심한 편인 채로 쭉 친구가 없었다. 여자애들은 치마를 올리는 장난을 했고 남자들은 그다지 심한 편은 아니었지만 반 친구들의 장난 때문에 자주 학교에 있는 상담실에 들러가며 지냈고, 학교에 가기 싫었던 때가 많았다.

별로 좋은 기억이 없던 중학교 시절을 지내고 고등학교에 와서 1학년 때 처음으로 친구를 사귀게 되었다. 어릴 때 엄마가 나의 수술을 받게 하지 않고, 아빠가 나를 밤낮으로 돌봐 주지 않았더라면 지금의 난 없었을 것이고, 내 인생을 살아오면서 지금까지의 학창 시절 대부분은 안 좋았다고 해도 살지 않았더라면 친구를 사귀는 기쁨을 느끼지 못하게 되었을 것이다. 그 외에도 이러저러한 기쁨도 못 느낄 것이다.

내 목숨을 구해 준 부모님께 감사하고 있다.

이 글은 고등학생인 화자가 자기가 태어나서 고등학생이 된 지금까지의 생활 전반에 대해 기술하고 있다. 물론 지금까지의 생활 전부를 자세히 기록하기는 어렵기 때문에 친구 사귀는 이야기를 중심으로 재구성했다. 화자는 어렸을 때 어떤 수술을 받은 이후로 귀가 잘 들리지 않게 되었고, 그 때문에 발음이 부정확해서 의사소통이 원활하지 못했다. 이런 장애를 갖고 있었기 때문에 초등학교와 중학교 내내 왕따를 당하다가 고등학교에 와서 비로소 친구를 사귀게 되었다는 이야기다. 고등학교 때까지 이 학생의 삶이 얼마나 고통스럽고 힘들었을지는 충분히 짐작할 수 있는 일이다. 그럼에도 불구하고 친구를 사귀는 기쁨을 누리게 된 현재 상태를 기준으로 자신의 삶을 재평가하고 있다. 현재 친구 사귀는 기쁨을 누릴 수 있었기 때문에 기구하고 고통스러웠던 자신의 지난 삶 전체가 고마운 인생이 된 것이다.

이 학생이라고 해서 부모님을 원망해 본 적이 어찌 없었겠는가? 친구를 사귄 지금의 시간보다 그렇지 못한 시간이 더 길었고, 부모님께 감사한 마음보다는 원망하는 마음이 더 컸을지도 모른다. 그럼에도 불구하고 화자는 과거에 자신이 느꼈던 어려움이나 불편함을 모두 잊고, 오직 친구를 사귀게 된 현재의 기쁨 하나로 자신의 삶 전체를 재평가하고 있다. 자신의 삶 전체가 새로운 의미로 재구성되는 것이다. 이러한 감사한 마음은 최근 화자의 마음속에 자리 잡은 감정이라고 할 수 있지만 이 글을 쓰면서 더욱 명확해지고 깊어진 것이라고 할 수 있다. 이처럼 자기 경험에 대한 글쓰기는 자기 삶에 대한 평가에 기초해서 재구성되기 때문에 자기반성과 성찰의 기회를 제공하고 자기 삶을 발전시키는 데 도움을 준다.

1. 다음 글을 읽고 이 학생이 겪은 일이 무엇인지, 그 경험을 통해서 무엇을 깨달았는지 알아보자. 그리고 화자가 자신의 깨달음을 어떻게 실천했는지, 그 실천 행위가 얼마나 지속될지에 대해 이야기해 보자.

할머니와 전화

2009년 12월 23일, 크리스마스를 얼마 안 남기고 TV에서는 크리스마스 특집 프로그램이 한창이었다. 나는 그중에서 '소녀시대의 크리스마스 선물'이라는 프로를 보았다. 채널을 돌리던 중 소녀시대가 나오길래 우연히 멈춘 것이었다. 그런데 그 프로에서는 엉뚱하게 DJ DOC의 이하늘과 그의 할머니 이야기가 흘러나오고 있었다. 그의 할머니는 그가 어렸을 때부터 그와 그의 동생을 키우신 분이었다. 그러나 세월이 흐르면서 이하늘과 할머니의 사이는 자연스레 멀어지고 연락도 뜸해지게 되었다. 그래서 이번 프로그램을 계기로 자신을 길러 준 할머니께 손자로서 고마움을 표하고 다시 어릴 적 친밀했던 사이로 되돌아간다는 것이 줄거리였다.

그 이야기 중 날 잡아끈 것은 이하늘의 할머니께서 손자가 자주 전화를 하지 않는 것을 굉장히 서운하게 생각하신다는 것이었다. "어렸을 때부터 키웠는데……."라고 운을 떼시는 그 할머니의 모습이 순간 내 외할머니의 모습과 겹쳐졌다. 나도 사실 어렸을 때 외할머니께 길러졌기 때문이다. 명절 때야 외갓집에 가서 "할머니, 할머니." 했지만 평소에는 전화 한 통도 하지 않는 나쁜 소녀가 바로 나였다. 지금까지 할머니 앞에서 했던 내 행동들이 위선같이 느껴졌다. 할머니에게 전화 한 통조차 하지 않았던, 할 생각조차 안 했던 나 자신이 너무나 싫었고 할머니에게 죄송스러웠다.

그다음 날 나는 바로 할머니에게 전화를 걸었다. 그리고 내가 왜 전화를 걸었는지를 말씀드리자 할머니는 오히려 내게 고맙다고 하셨다. 그동안 할머니의 전화기는 아무도 전화를 걸지 않아서 있으나 마나 한 것이었는데 너라도 이렇게 걸어 주니까 얼마나 행복한지 모르겠다고 하시는데 나는 아무런 말도 하지 못했다. 그냥 너무 죄송하고 하루에도 몇 번씩 울리지 않는 전화기를 쳐다보셨을 할머니의 모습이 떠올라 나도 모르게 울컥했다.

그 이후로 나는 하루도 빠짐없이 할머니에게 전화를 걸었다. 물론 할머니가 전화를 받지 못하실 때도 있지만 그래도 괜찮았다. 왜냐하면 전화를 받을 때의 할머니 목소리는 항상 행복하게 들리기 때문이다. 나에게 하루 동안 있었던 이야기를 해 주시는 할머니는 마치 들뜬 여고생 같았다. 언젠가 할머니는 나에게 친구 같다는 말을 해 주셨다. 그동안 자신의 이러한 일상을 말할 사람이 없었는데 손녀인 나와의 대화를 통해 할머니의 소소한 일상까지 들어 줄 사람이 생긴 게 너무나 좋다며 웃으셨다. 나는 그동안 얼마나 큰 사랑을 받아 왔던 것일까?

가끔 할머니는 전화하는 게 힘든지 물으시면서 굳이 하지 않아도 된다고 하신다. 하지만 나는 그럴수록 할머니에게 미안해진다. 지금까지 할머니가 나에게 해 주셨던 것에 비하면 지금 내가 하는 전화 한 통은 아무것도 아니기 때문이다. 이것은 내가 받은 것에 대한 극히 일부분을 돌려드리는 것일 뿐인데 이마저도 미안해 하는 할머니의 마음은 내겐 너무나 값진 것이다. 나는 아마 평생 가더라도 이러한 사랑을 갚지는 못할 것을 안다. 하지만 나는 하루에 한 번씩 전화를 하면서 할머니의 손녀로서, 때로는 친구로서 지내면서 내가 받은 사랑을 차근차근 갚아 나갈 것이다. 그것이 내가 할 수 있는 최선이기 때문이다.

THE SECRET LIFE OF WALTER
MITTY

COMING SOON

03

내가 상상하는 대로
만들어지는 세상

소설 쓰기 —

완전히 꾸며 낸 이야기가
실제 있었던 이야기보다 더 실제적일 수 있다.

아이나 어른 할 것 없이 누구나 이야기를 좋아한다. 학생들은 아침에 친구들을 만나면 전날 자신이 겪었던 일이나 TV에서 본 것들을 이야기 하느라 소란스럽다. 우리는 매일 다양한 이야기들을 듣고 또 자신이 겪은 이야기, 상상한 이야기들을 나누며 살아간다. 이처럼 우리의 일상은 이야기로 채워져 있고, 우리는 이야기를 즐기면서 살아간다. 어떤 학자는 인간이 이야기를 즐기는 것은 우리가 세상을 이해하는 하나의 방식이기 때문이라고 하였다.

어쨌거나 일상생활 속에서 우리가 늘 주고받는 이야기가 바로 소설의 원천이다. 소설은 전문가만이 쓰는 글이라고 생각하기 쉽지만 전문 작가들의 소설도 결국은 그들이 경험한 이야기나 상상한 이야기라는 점에서 우리들의 이야기와 다를 바가 없다. 다만 전문 작가들은 이야기로 먹고사는 사람들이기 때문에 더 많은 사람들이 공감할 만한 새로운 이야기를 찾아서 독자들에게 들려주려고 노력하는 것일 뿐이다.

소설이란 우리의 삶과 거리가 먼 이야기가 아니라 우리가 늘 나누고 즐기는 이야기라고 생각하면 소설 쓰기에 좀 더 쉽게 접근할 수 있을 것이다. 그렇다면 우리가 매일 경험하는 이야기들을 글로 적어도 소설이 되는 것일까? 전문 작가의 소설 중에서도 자신의 체험을 바탕으로 쓴 것들이 많기 때문에 자신이 겪은 이야기를 쓰는 것도 충분히 소설이 될 수 있다. 겪었던 이야기는 자신이 실제로 경험한 것이기 때문에 사건의 전개 과정을 잘 알고 있을 뿐만 아니라 세부 사건들도 자세히 묘사할 수 있다. 따라서 처음 소설을 쓴다면 겪었던 이야기를 쓰는 것이 훨씬 쉬울 것이다. 그러나 겪었던 이야기라고 해서 실제 있었던 그대로 쓸 필요는 없다. 있었던 사실을 바탕으로 하되, 좀 더 재미있게 꾸미거나 새로운 관점에서 재구성하는 것이 효과적이다.

김초국 이야기
차지원(장위중 1)

6학년이 되고 나서 학교생활에 익숙해질 무렵, 나의 반인 6학년 3반에 김초국이라는 애가 있었다. 공부 시간에는 매번 조용히 하였고 공부도 잘하는 편이어서 선생님들에게 이쁨을 많이 받았다. 하지만 어느 한 사건이 있은 뒤부터 우리 반인 6학년 3반 아이들은 조금씩 김초국이라는 아이를 싫어하게 되었다.

그 사건이 일어나기 전 우리 반에는 한 가지 규칙이 있었다. 바로 욕을 하면 A4 용지에다가 빽빽이 자기가 욕을 한 것을 쓰고 잘못하여 다시는 그러지 않겠다는 글을 써야 했다. 물론 나도 한 번 씨발이라고 욕을 하다가 걸려서 고생을 한 적이 있다. 내가 이 이야기를 한 이유는 이 규칙 때문에 김초국이라는 아이가 같은 반 친구들로부터 따돌림을 당하기 시작하였기 때문이다. 사건은 이랬다.

어느 날, 그전처럼 6학년 3반은 활기가 너무 심하게 넘쳤다. 그리고 여자애들은 모여서 얘기를 하다가 가만히 공부를 하고 있던 김초국에게 가서 말을 하였다.

"야! 너 진짜 짜증 난다. 어떻게 맨날 공부만 하고 있냐?"

"아우~~~ 재수 없어."

그러자 조용히 여자애들만 째려보던 김초국이 말을 하였다.

"미친년."

그 한마디로 여자애들은 화가 났지만 금방 선생님께서 들어오셔서 김초국을 째려보다가 모두 자리에 앉았다. 그러나 한 여자아이가 화가 치밀어 올라서 선생님께 말했다.

"선생님, 김초국이 저희들한테 미친년이라고 말했어요."

그러자 아까 김초국을 째려보았던 여자애들과 남자아이들도 한마디씩 하였다.

"선생님, 저도 들었어요!"

한 남자애가 말을 하였고 다른 남자애들도 하나둘씩 말을 하였다.

선생님께서는 처음에는 조용히 하라고 하시다가 아이들이 계속 말을 하니까 애들을 조용히 시키고 말씀하셨다.

"자, 이제 조용히 하고 김초국이 욕했다는 걸 들은 사람은 일어나 봐요."라고 말씀을 하셨다. 여자아이들과 남자아이들은 하나둘씩 일어나기 시작하였다.

반에 반 정도, 약 42명 중에서 20명 정도가 일어났다. 그리고 선생님께서 말씀하시길 "자, 초국이가 욕을 한 걸 들은 사람이 이렇게 많으니 한번 초국이한테 물어보자."라고 하셨다. 그러자 아이들의 시선은 모두 김초국을 향하고 있었다. 그러나 선생님께서는 김초국을 향하는 아이들의 시선을 무시한 채 김초국에게 말하였다.

"초국아, 진짜 친구들에게 미친년이라고 욕했니?"

선생님의 질문에 애들의 시선이 또 한 번 김초국을 향하였다. 그러나 김초국의 대답은 아주 뜻밖이었다.

"아니요. 저는 얘들한테 미친년이라고 욕한 적이 없는데요."

김초국의 대답에 애들의 눈은 더욱더 커졌다. 그리고 아이들은 김초국과 선생님을 번갈아 가며 쳐다보았다. 하지만 선생님의 대답은 뜻밖이었다.

"어, 그래? 초국이가 안 그랬다면 안 그런 거지. 자, 그럼 이번 일은 그냥 넘어가자. 넘어가고, 일단 1교시는 자습들 하고 있어라."

하지만 선생님의 말씀을 듣고 나서는 몇몇의 여자애들과 남자애들이 말을 하였다.

"선생님, 김초국 거짓말하는 거예요!"

"맞아요. 김초국은 분명히 미친년이라고 욕했다고요!"

이곳저곳에서 김초국이 욕을 했다는 말들이 나왔지만 선생님께서는 그 말들을 무시한 채 말씀하셨다.

"초국이가 아니래잖아요! 오늘 일은 여기까지 하고요, 한 번만 더 그 소리 하면 앉았다 일어났다 시킬 거니까 조용히 해요."

선생님의 말씀에 애들은 화가 났지만 선생님의 말씀을 가만히 들을 수밖에 없었다. 물론 그 당시 나는 김초국이라는 아이가 욕을 하였는지 하지 않았는지 못 들었기 때문에 애들과 선생님의 말을 가만히 들을 수밖에 없었다. 하지만 반에서 들은 아이들이 20명이 넘는데 김초국이 아니라고 하는 게 거짓말한 것 같았다.

하지만 나는 내가 이 일에 끼어들게 된다면 불똥이 튈 위험이 있어 가만히 있었다. 그리고 선생님께서는 가만히 있으시면서 40cm 정도의 두께의 매를 칠판에다 여러 번 때리고 나서는 "자, 모두들 조용히 하세요, 조용히! 한 번 더 그런 소리라도 나오면 전체 다 기합입니다!"라고 무섭게 분위기를 지으시면서 말씀하시니까 아이들은 모두 다 억울한 표정으로 조용히 앉아 있었다. 그리고 이 일로 인해 김초국은 아이들의 미움을 받기 시작하였고, 또 하나의 큰 사건이 일어났다.

그 사건이 일어난 때는 서예 시간이었다. 그날은 서예로 미술 점수를 매기는데 선생님은 서예 글씨가 써 있는 프린트를 나눠 주고 먼저 연습을 하라고 하셨다. 선생님은 화선지를 밑에 대고 연습을 하고, 20분 정도 지난 후에 시험을 보신다고 하셨다. 아이들은 미술 점수에 들어간다니 모두 눈에 불을 켜고 열심히 하였다. 그리고 20분이 금방 지나갔고, 이제 선생님께서 교탁에 나오셔서 말씀하셨다.

"자, 모두들 서예 연습 많이 했죠? 이제 시험을 봅시다. 절대 프린트 대지 말고 자기 실력대로 하세요."

선생님의 말씀이 끝나고 애들은 열심히 각자의 화선지에 글씨를 썼다. 몇 분이 지나고 종이 울리자 선생님께서는 "자, 이제 다 썼죠? 5교시 종이 쳤으니까 6교시에 걸을 게요. 자기가 잘못 쓴 것 같으면 다시 한 번 열심히 해 보세요."라고 말씀하시고는 나가셨다.
그런데 문제는 이때부터였다. 쉬는 시간 종이 치고 애들은 너 나 할
것 없이 떠드는데 그때 갑자기 크지도 작지도 않은 여자애의 목소
리가 들렸다.

"김초국, 프린트 대고 했지?"

여자아이들의 날카로운 목소리가 들리고 우리 반 아이들은 하
나둘씩 그 목소리가 들린 곳으로 구경을 가기 시작하였다. 물론 나
도 재미있을 것 같아서 사건 현장에 갔다. 그곳에 가 보니 여자애
들이 김초국을 째려보고 있었다. 그러고 나서는 여자아이들과 남
자아이들이 김초국이 쓴 글자를 선생님께서 나누어 주신 프린트에
대 보고 있었다. 궁금해서 여자애들에게 무슨 일인지 물어보니 김
초국이 쓴 글씨가 너무나 프린트랑 똑같아서 김초국에게 대고 그
렸냐고 하니 김초국이 아니라고 거짓말을 해서 그랬다고 하였다.
그래서 나도 궁금해서 김초국이 쓴 화선지를 프린트와 대 보니 붕
어빵이었다. 그러나 나는 불덩이가 튀지 않게 가만히 지켜만 보았
다. 여자애들은 화가 났는지 김초국이 쓴 글씨가 있는 화선지를 형
광등에 대 보면서 말하였다.

"야, 김초국. 너, 이 글씨 프린트에 대고 그렸지?"

이렇게 한 여자애가 말하자 그전에 있던 여자애들도 한두 마디
씩 하였다. 하지만 김초국은 눈 하나 깜짝 안 하고 "아니. 나, 프린
트 안 대고 했는데."라고 말을 하였다.

결국 여자애들은 화가 났는지 한 여자아이가 김초국이 쓴 글씨
가 있는 화선지를 찢고 말았다. 그 순간 반 아이들 모두가 깜짝 놀

랐지만 시간이 좀 지나고 나서 아까 모여 있던 여자애들이 한 명씩 김초국이 쓴 글씨가 있는 화선지를 찢기 시작하였다. 그 순간 남자 아이들은 약간 당황한 눈빛이었다. 하지만 한 여자아이가 하자 또 다른 여자아이들도 김초국의 글씨가 쓰여 있는 화선지를 찢기 시작하였다. 어느새 김초국의 화선지는 갈기갈기 찢어져 있었다. 그러고는 금방 종이 치고 애들은 모두 자리에 앉았다. 그리고 선생님께서 들어오셔서 말씀을 하셨다.

"자, 열심히 했죠? 이제 뒤에 있는 사람이 걷어 오세요."

그러고 나서 김초국의 화선지를 걷으려는 김초국 줄 맨 뒤 아이가 말을 하였다.

"선생님, 김초국이 쓴 게 없어요."

그러자 선생님이 의아하다는 듯이 김초국에게 물어보았다.

"초국아, 네가 글씨를 쓴 화선지는 어디에 있니?"

그러자 김초국이 아까 여자아이들이 찢었던 화선지를 선생님께 보여 드리면서 말을 하였다.

"선생님, 이렇게 되었어요."

선생님께 그 찢어진 화선지를 내밀며 초국이가 말을 하자 선생님은 찢어진 화선지를 보면서 물었다.

"왜 이렇게 됐니?"

"애들이 찢었어요."

김초국이 그렇게 대답하자 선생님께서는 40cm의 막대기를 칠판에 두드리면서 소리쳤다.

"초국이 화선지를 찢은 사람은 앞으로 다 나와."

선생님의 말씀에 아이들이 몇몇씩 나오기 시작하였다. 그러자 선생님께서 아까 김초국의 화선지를 찢은 애들에게 말을 하였다.

"초국이 화선지를 왜 찢었니?"

앞에 서 있던 여자아이들은 하나같이 얼굴을 숙이고 있었다. 얼마 후 한 여자아이가 무거운 입을 떼며 선생님께 말하였다.

"선생님, 그게요……. 김초국이 선생님이 나눠 주신 서예 연습 시간에 썼던 프린트를요, 오늘 미술 서예 시험 때 김초국이 화선지에 대고 했는데요, 김초국은 자기가 안 썼다고 우겨서 화가 쳐 올라 찢어 버렸어요."

결국 선생님께서는 앞에 서 있던 여자애들 한 명 한 명에게 말을 거셨다. 계속 앞에 서 있던 여자아이들은 선생님의 질문에 얼굴을 숙인 채 대답을 하였다. 그리고 선생님께서는 우리들에게 실망한 눈초리로 말씀하셨다.

"오늘 사건을 들어 보니 여러분들에게 실망이네요. 아무튼 오늘 일은 여기까지 하고요, 앞에 있는 애들은 오늘 학교 끝나고 남으세요. 자, 그럼 수학 책 98쪽 펴세요. 그리고 앞에 있는 아이들은 자기 자리에 앉아요."라고 말씀을 하시고 앞에 있던 아이들은 각자의 자리에 앉았다. 그걸 구경하던 나는 빨리 수학 책을 펴고 있었다. 1시간 후 수업이 끝나고, 어느새 회장이 선생님께 힘차게 "차렷! 경례!" 하고 구령을 외쳤다. 우리는 선생님께 인사를 하였고 아이들은 교실에서 나갔지만 김초국 사건에 궁금증을 얻은 남자아이들은 '김초국 사건 알아보기'라는 특공대를 결성하여 선생님과 김초국, 그리고 앞에 있던 아이들이 있는 학교 3층 상담실을 향해 포복 자세로 가고 있었다.

먼저 가고 있던 아이가 상담실의 문을 살짝 열고 문 사이로 보니 아까 앞에서 혼나고 있던 여자애들은 고개를 숙이고 있었고 김초국은 당당히 고개를 들고 선생님을 쳐다보고 있었다. 그러나 그것도 잠시, 내 뒤에 있었던 아이가 기침을 하였고 선생님께서 문틈을 쳐다보자 우리들은 거의 광속도로 도망을 갔다. 그리고 빠르게 뛰던 우리 특공대원들은 정문 앞까지 갔고, 그제야 안도의 한숨을 쉬었다.

"야! 안 되겠다. 우리 그냥 가자."

"맞아. 다행히 선생님이 눈치는 못 챈 것 같아. 그러니까 그냥 가자."

"그래, 그럼 잘 가라. 안녕!"

그렇게 집으로 돌아갔고 그다음 날 우리 특공대원들은 불안해하면서 말들을 하였다.

"아, 선생님은 우리가 어제 도망간 사실을 모르겠지?"

"아마 그럴 거야. 하지만 좀 불안하네."

그렇게 우리 특공대원들은 선생님이 들어옴과 동시에 자리에 앉기 시작하였다. 그러나 긴장하는 특공대원들과는 달리 선생님께서는 여느 때와 같이 수업에만 열중을 하셨다. 우리 특공대원들은 안심하였고, 그렇게 하루하루가 지나 어느새 졸업식이 다가오고 있었다. 다른 반 아이들은 모두 졸업식이 다가와 우울해져 있었지만, 우리 6학년 3반은 여느 때와 마찬가지로 활기가 넘쳤다. 김초국도 조금씩 조금씩 친구들과 친해진 것 같았다. 그리고 졸업식 날 우리 반 아이들은 강당에 놓여진 자리에 앉아서 졸업식 노래를 부르면서 졸업식은 끝이 났고, 우리 반 아이들은 서로서로 사진을 찍으면서 그렇게 헤어지게 되었다. 물론 지금도 나랑 연락을 하거나 만나는 친구들도 있지만 연락이 안 되는 친구들도 많다.

그렇지만 지금도 초등학교 6학년 친구들이 어떻게 지낼지 정말 궁금하다. 그리고 특히 김초국이 어떻게 지낼지 가장 궁금하다. 아마 지금은 잘 지내겠지. 아무튼 친구들아, 정말 보고 싶다.

이 이야기는 매우 흥미롭게 시작되고 있다. 김초국이라는 인물에 대한 소개부터 시작해서 사건의 발단과 전개 과정을 매우 흥미롭게 기술하고 있다. 당시의 상황 묘사와 심리 묘사가 적절하게 제시되어 있고, 대화 내용까지 삽입하여 독자들이 잘 이해하고 상상할 수 있게 했다. 그런데 김초국과 선생님, 그리고 여자아이들의 갈등이 고조되어 결말을 향해 달려가다가 갑작스레 이야기가 끝나고 말았다. 지금까지 흥미롭게 사건 전개를 쫓아가던 독자들은 황당하지 않을 수가 없다. 교무실로 불려간 학생들은 어떻게 되었는지, 김초국과 아이들의 갈등이 어떻게 마무리되었는지 궁금증만 남겨 놓은 채 돌연 이야기가 끝나고 말았기 때문이다. 결말이 없는데도 불구하고 이야기를 끝내고 갑자기 초등학교에 대한 회상 모드로 바뀐 까닭은 무엇일까?

이렇게 이야기가 어정쩡하게 마무리된 이유는 이 학생이 겪었던 이야기를 있는 그대로 쓰려고 했기 때문이라고 할 수 있다. 김초국 사건이 그 이후에 어떻게 되었는지는 자신도 알지 못하기 때문에 아는 데까지만 썼을 것이다. 그러나 자신이 알고 있는 이야기를 충실하게 전달했다고 해서 이야기가 완성되는 것은 아니다. 겪은 이야기를 바탕으로 소설을 쓴다고 해서 반드시 사실을 있는 그대로 써야 할 필요는 없다. 오히려 있었던 사실과는 다르게 결말을 바꾼다든지 화자를 바꾸는 방식으로 이야기를 변형하고 재구성해야 훨씬 더 재미있는 이야기가 될 수 있다.

예를 들어 등굣길에 깡패들을 만나서 돈을 빼앗기고 얻어터지는 일을 당했다고 한다면 그 경험을 그대로 적는 것보다는 다른 방식으로 재구성하는 것이 더 효과적일 수 있다. 자신이 깡패들에게 당하는 과정까지 자세히 묘사한 다음, 위기의 순간에 우리 반의 당찬 여자아이가 나타나서 소리치는 바람에 깡패들이 도망을 갔다든지 하는 방식으로 결말을 바꾸면 더 재미있는 이야기가 될 수 있다. 소설은 허구적인 이야기이기 때문에 있었던 이야기를 그대로 전달하기보다는 상상력을 더해서 좀 더 재미있게 만들어야 쓰는 사람도 흥미롭고 읽는 이도 더 재미를 느낄 수 있다.

겪었던 이야기만 쓴다면 아무래도 소재의 제한이 있을 수밖에 없고 상상력을 발휘하는 데도 한계가 있다. 따라서 학생들이 꿈꾸고 상상한 이야기를 자유롭게 쓰도록 하는 것이 좋다. 실제로 학생들은 겪었던 이야기보다는 상상한 이야기를 더 좋아하는 경향이 있다. 그러나 학생들이 상상해서 쓴 이야기는 구성이나 묘사가 치밀하지 못하고, 여학생들의 경우에는 연애 드라마, 남학생들의 경우 게임 이야기에 치우치는 경향이 있다. 소설 쓰기에 대한 경험이 부족하기 때문에 상상한 이야기를 쓰라고 해도 자신이 본 드라마나 영화, 게임의 틀을 크게 벗어나지 못하는 것이다.

그러나 상상한 이야기를 쓸 경우에도 기존의 드라마나 영화, 게임의 틀을 벗어나 좀 더 다양한 이야기를 만들어 보는 것이 좋다. 예를 들어 파

영화 〈반지의 제왕〉(피터 잭슨 감독, 2001년) 포스터(좌)와 스틸컷(우).

리나 모기 같은 동물들을 주인공으로 삼아 이야기를 만들어 볼 수도 있고, 의자나 책상 같은 물건을 서술자로 등장시켜서 새로운 이야기를 만들어 볼 수도 있다. 또 귀신 이야기나 마법 같은 소재로 색다른 이야기를 만들 수도 있다. 다만 자신이 무엇을 잘 쓸 수 있을지, 어느 정도의 분량으로 쓸 것인지를 고려해서 이야기를 구상해야 한다. 자신이 즐기는 이야기일수록 이야기의 구성이나 세부 묘사를 자세히 할 수 있을 것이며, 장편 소설이 아니라면 드라마나 게임 이야기를 장황하게 늘어놓기보다는 이야기의 규모를 줄여서 짧은 이야기를 만들어 보는 것이 좋다.

소설

이동윤(도봉고 1)

그녀와 함께 전력질주를 하고 있다. 아무도 없는 한적한 도로. 이 길 위를 우리는 달리고 있다. 사실 오늘은 그녀의 생일이다. 그녀가 어제 나에게 경치 좋은 곳에 데려다 달라고 했다. 나는 흔쾌히 허락했고 강원도 깊숙이는 아니지만 한적하고 물 맑고 경치 좋은 곳으로 가고 있다. 사실 나도 그곳이 어딘지는 모른다. 하지만 가다 보면 나오겠지. 이렇게 개운하게 달려 본 것도 오랜만이다. 그녀는 오토바이를 싫어한다. 하지만 오늘은 특별한 날이니 오토바이를 타 주겠다고 한다. 헬멧이 하나밖에 없어서 나만 쓴 게 미안하지만 지금은 속도감과 내 뒤에 앉아 나를 꼭 안고 있는 그녀의 팔의 감촉만이 느껴지고 있다. 그나저나 아직 마땅한 곳을 찾지 못했다.

한참 잘 달리고 있는 중에 갑자기 뒤에서 빵빵거린다. 오늘같이 한가한 날에 한가한 도로에서 웬 차인가 하고 뒤를 돌아봤다. 갑자기 오토바이를 살짝 박는다. 그녀가 놀라 소리 지른다. 그 차는 날 추월하려는 듯하더니 나란히 달린다. 창문을 내리더니 날 보며 비웃는다. 조수석에는 여자가 있었다. 그 여자도 마찬가지 모양새로 날 비웃는다. 솔직히 나만 비웃었을 때는 괜찮았다. 그런데 내 뒤에 있는 그녀에게 그 자식이 이렇게 말했다.

"구식 오토바이에 여자도 구식이구만. 큭큭큭. 이봐, 거기 있지 말고 일루 오는 게 어때? 대신에 트렁크 안에서 얌전히 있어라. 하하하!"

순간 나는 속이 뒤틀렸다. 나는 그녀에게 뒤에 달려 있는 쇠막대기를 달라고 하였다. 그 막대기는 땅에 끌면서 불꽃을 낼 때 쓰는 거지만 이번에는 좀 쓰임새를 바꾸려고 그런다. 나는 막대기로 차 이곳저곳을 찌그러트리기 시작했다. 그 자식은 당황했는지 잽싸게 속력을 냈다. 성질 같았으면 끝까지 따라가 아주 반죽음을 만들려고 했지만 그녀가 말려서 막대기를 차 뒤 유리에다가 꽂아 버렸다. 그 자식은 부리나케 도망가고 나는 웃었다. 하지만 그런 나를 그녀는 걱정했다. 벌써 1시가 되었다. 나는 그녀에게 밥을 먹으러 가자고 했고, 그녀도 배고팠는지 얼른 대답한다. 혹시 무박 2일이 될지 몰라 돈을 가지고 왔지만 많이는 못 가지고 왔다. 식당을 찾아 헤매다 한식, 그러니까 그냥 백반 하는 데를 찾았다. 그런데 뒤 유리창에 막대기가 꽂혀 있는 희한한 차가 있다. 시선을 돌려 식당을 보니 아까 그놈이 나온다. 내 주먹에 힘이 들어갔고 그녀는 날 말리려 했다. 그놈은 날 끝까지 노려보고 나갔다. 식당 안으로 들어와 그녀를 마주 보며 앉아서 음식을 주문했다. 그녀는 그때랑 같이 여전히 예쁘다. 피부는 백옥 같고 눈은 맑은 수정 같다. 그때와 변함없이 청순하다. 그녀 얼굴만 보면 자꾸 옛날 생각이 난다. 내 목숨이 두 개로 늘어난 그날이.

　내가 고2였을 때다. 그날도 무단결석에, 폭주를 하고 있었다. 경찰차가 따라붙어도 따돌리는 것은 마음만 먹으면 가능했다. 그렇게 달리다 저녁이 되어서야 집으로 가는 길이었다. 한강 공원을 통해 가고 있는데 매복하던 싸이카가 보였다. 당황했다. 재빨리 방향을 틀어 도망갔다. 하지만 경찰 오토바이를 따돌리기에는 역부족이었다. 결국 너무 속력을 낸 나는 길에서 미끄러져 한강에 빠졌다. 수영을 못하는 나는 허우적 대다 결국 정신을 잃었다. 이대로 죽는 줄만 알았는데 정신이 들어 눈을 떠 보니 한 여자애가 있었다. 중학교 때부터 알고 지냈고 지금은 내 짝이다. 그다지 예쁘진 않지만 눈이 아름답게 생겼다. 집으로 가는 길에 날 보고 구해 줬다고 한다.

222

그 아이는 눈물을 글썽이더니 나에게 학교에 다시 나오라고 한다. 왠지 가슴이 두근거렸다. 다음 날 난 학교에 다시 갔다. 학교 측에선 날 반가워하지는 않는 것 같지만 내 짝은 날 반가이 맞아 준다. 나를 반가워해 주는 사람이 있는 게 처음이다. 너무 기뻤던 나는 그 애 손을 잡고 사귀자고 했다. 그 애는 얼굴을 붉히며 말을 안 한다. 괜히 뻘쭘해진 나는 소리를 질러서 사귀자고 했다. 그제야 내 짝은 승낙을 했다. 고백치곤 좀 웃긴 편이었다. 그 고백이 어느덧 1년 전 일이다. 나는 학교를 자퇴했고 여친은 수능 준비를 하고 있다. 난 내 여자를 위해선 목숨도 걸 수 있다.

식당에서 나와 오토바이에 시동을 걸었다. 그런데 평소엔 잘 걸리던 시동이 오늘따라 유난히도 자꾸 안 걸린다. 서너 번만에 시동이 걸린 오토바이를 끌고 달렸다. 그런데 얼마 가지 않아 갑자기 시동이 꺼진다. 그때 알았어야 했는데……. 나는 다시 시동을 걸고 달렸다. 왠지 모를 불안감이 엄습해 온다. 두어 시간을 달리다 경치 좋은 곳을 발견했다. 그녀가 저기서 내리자고 했다. 내리려고 브레이크를 당겼다. 그런데 브레이크가 안 당겨진다! 순간 아까 차에 있던 그 자식이 생각났다. 그놈 짓이다. 왜 안 멈추냐고 물어보는 여자 친구를 안심시켜야겠다는 생각이 들었다. 일단 여기 말고 더 좋은 곳이 있을 거라고 말을 했다. 하지만 그런 말을 하는 나조차 어이가 없었다. 결국 난 입을 열어 그녀에게 말했다.

"야, 너 나 얼만큼 좋아해?"

"쓸데없이 그건 왜 물어?"

"사랑한다고 말해 줘. 안 그러면 속력을 올릴 거야."

"뭐야, 싱겁게. 사랑해."

"안 들려! 크게 말해!"

"사랑한다고!"

"그럼 내 헬멧을 써. 안 쓰면 역시 속력을 올린다."

"야, 미쳤냐? 왜 그래?"

"어서 써!"

그녀가 내 헬멧을 받아 썼다. 나도 사랑해. 그녀에게 꼭 잡으라고 말했다. 그리곤 최대한 속력을 줄이기 위해 미끄러지면서 쓰러졌다. 오토바이는 그대로 중앙 분리대에 곤두박질쳤고, 나는 한참을 날아갔다. 마지막까지 그녀의 옆에 있고 싶었는데. 아, 눈앞이 깜깜하다. 마지막으로 그녀의 얼굴을 보고 싶었다. 그녀는 정신을 잃은 듯했다. 나는 움직이려고 했지만 몸이 말을 듣지 않았다. 결국 그녀의 얼굴도 못 보고 이대로 떠나는구나.

후회는 하지 않는다.

'강원도 산간에 오토바이 사고 발생. 남자는 사망, 여자는 가벼운 찰과상만 입어……'

이 소설은 신문에 실린 오토바이 사건을 재구성한 형식을 취하고 있다. 오토바이를 몰다가 죽은 남자를 화자로 설정하여 이야기를 전개하고 있기 때문에 사건의 전개 과정과 화자의 심리를 자세히 알 수 있다. 남자와 여자의 관계라든지, 사건의 발단과 전개 과정이 무리 없이 잘 연결되고 있어 자연스럽다. 그러나 전체적으로 상황에 대한 요약적 설명이 많아서 기사를 읽는 것 같이 건조한 느낌을 준다. 마지막의 신문 기사는 이 소설이 왜 보도 기사 같은 느낌을 주는지 그 이유를 밝혀 주고 있다는 점에서 효과적인 장치이다.

이 학생이 쓴 소설은 완전히 상상한 이야기이다. 신문 기사의 형식을 취하고 있지만 이러한 기사가 실제로 있었는지는 알 수 없다. 오토바이 사고를 당했는데, 아무리 헬멧을 안 썼다고 해도 운전석에 있었던 사람은 죽고 뒤에 앉은 사람은 가벼운 찰과상만 입었다는 것이 그다지 현실적이지는 않다. 따라서 이 모든 이야기가 꾸며 낸 것이라고 할 수 있지만 화자의 심리와 상황을 이해하고 있는 독자의 입장에서 보면 충분히 공감할 수 있는 이야기라고 할 수 있다.

이처럼 완전히 꾸며 낸 이야기라도 실제 있었던 이야기보다 더 실제적인 이야기처럼 느낄 수 있다. 따라서 자신이 겪었던 일인가 아닌가가 중요한 것이 아니라 그 이야기를 얼마나 재미있게 구성해서 풀어 내느냐가 더 중요하다. 이야기의 구성이나 결말을 독자가 예측하지 못한 방향으로 이끌어 나갈 수 있다면 훨씬 흥미로울 수 있으며, 세부 사건들을 생동감 있게 묘사해서 보여 준다면 독자는 한층 더 몰입해서 읽을 수 있다. 따라서 소설 쓰기에서는 독자의 궁금증을 불러일으키고 흥미를 지속시킬 수 있도록 필자의 상상력을 최대한 발휘할 필요가 있다.

1. 다음 소설은 자신이 겪은 일을 바탕으로 쓴 것이다. 이 소설의 결말을 어떻게 재구성하는 것이 좋을지 이야기해 보자.

사랑은 시기가 중요하다

오늘은 할머니의 생신이다. 그래서 시골에 있는 큰댁에 가기 위해 아침 일찍부터 온 가족이 부산을 떨며 시골 갈 준비에 여념이 없었다. 할머니께 드릴 선물이며, 엄마가 전날 재 놓으신 갈비 등등 온갖 것들을 다 준비하고 드디어 출발! 그동안 공부해야 한다느니, 학원 가야 한다느니 이런저런 핑계로 명절 때도 시골에 잘 안 내려갔기 때문에 거의 1년 동안 할머니를 뵙지 못했다. 할머니가 너무 보고 싶기도 했고 내가 가면 할머니가 얼마나 반가워하실까 생각하니 나도 모르게 입가에 미소가 떠올랐다. 이런 생각을 하다 보니 차는 어느덧 큰댁에 도착해 있었다. 내 기대대로 할머니께선 차 소리를 들으시곤 마당으로 뛰어나오며 이렇게 말했다.

"아이구 내 새끼, 할머니가 재현이 보고 싶어 혼났다. 그동안 이 할미가 보고 싶지도 않았어?"

"당연히 보고 싶었지. 근데 할머닌 날 너무 좋아하는 거 같애."

"어멈아, 애 말하는 것 좀 봐라."

"하하하, 호호호!"

이렇게 왁자지껄 시골에 도착한 나는 그날 하루 종일 너무나 즐겁게 보냈다. 할머니는 손주들 중에서도 나를 특별히 예뻐해 주셨기 때문에 맛있는 음식이 있으면 내 앞에 놓아 주시고, 용돈도 틈

뿍듬뿍 주셨다. 그렇게 꿈같은 하루가 지나가고 우리 가족은 다시 집으로 돌아왔다. 그로부터 한 달이나 지났을까. 어느 날 한밤중에 "따르릉, 따르릉" 하는 전화벨 소리가 울렸다. '도대체 한밤중에 무슨 일일까?' 하는 생각과 함께 왠지 모를 불안감이 나를 엄습해 왔다. 그리고 들려오는 엄마의 당황하는 목소리. "네, 뭐라구요? 어머님이 쓰러지셨다구요?" 그 순간 가슴이 철렁 내려앉았다. 내 불안한 예감이 적중한 것이었다.

"이를 어떡하면 좋아요. 네. 제가 바로 애 아빠랑 병원에 갈게요."

엄마는 무척 당황하시며 내가 무슨 일이냐고 물어볼 겨를도 없이 병원으로 급히 가셨고, 나는 그날 밤 내내 할머니가 걱정되어 한숨도 자지 못했다.

아침이 되었고, 엄마에게 전화가 왔다.

"엄마, 도대체 무슨 일이야? 할머니가 쓰러지셨다니!"

"할머니가 중풍으로 쓰러지셨단다. 빨리 발견했기에 망정이지 조금이라도 늦었으면 돌아가실 뻔했단다. 정말 다행이야."

"지금 할머니 상태는 어떤데?"

"아직 깨어나진 못하셨지만 의사 선생님 말씀이 위험한 고비는 넘겼다는구나."

며칠 후 할머니는 깨어나셨고 건강이 호전되어 퇴원을 하시게 되었다. 하지만 할머니는 풍 때문에 오른쪽 팔다리가 불편하시게 되었고, 서울에서 물리치료를 받기 위해 우리 집에 한두 달 계시게 되었다. 물론 처음에는 할머니가 오신다는 소식에 무척이나 좋아했다. 내 머릿속엔 옛날의 할머니만 남아 있었으니깐.

하지만 병이 할머니를 바꾼 건지, 아니면 내가 변한 건지 나는 언제부터인가 할머니를 멀리하기 시작했다. 내가 컴퓨터 좀 하면서 놀려고 하기만 하면 옆으로 오셔서 "재현아, 뭐 하니? 할머니 바깥 공기 좀 쐬게 해 주려무나." 하셨고 틈만 있으면 무엇을 가져다 달라, 어디로 데려가 달라고 하셨다. 그리고 집에 엄마가 안 계실 때면 하루 종일 내 옆을 졸졸 따라다니셨다. 나는 그런 할머니가 너무나 싫었다. 할 일 많은 시골에 계시다가 아무것도 할 일 없는 도시로 오시니 외롭고 심심해서 그러시나 보다 이해는 되면서도 짜증이 나는 건 어쩔 수 없었다. 그래서 하루는 엄마와 소리 높여 싸우기까지 했다.

"나, 할머니 너무 싫어! 할머니 때문에 할 수 있는 일이 하나도 없어!"

"네가 할머닐 이해해야지 어쩌겠니? 조금만 참자."

"내가 왜 참아야 하는 건데! 할머니 빨랑 할머니 집으로 가시라고 해."

"애가 보자 보자 하니깐. 네가 한두 살 먹은 애야? 도대체 왜 이렇게 못나게 굴어? 지금 할머니가 얼마나 외로우시겠니? 몸도 불편한 할머니한테 잘 해 드리지는 못할 망정 이게 도대체 뭐 하는 짓이야. 정말 너한테 실망했다."

할머니께서 엄마와 내가 싸우는 소리를 들으셨는지는 알 수 없다. 하지만 며칠 후 할머니는 병원도 다 갔으니 이제 서울에 있을 이유가 없다며, 서울은 너무나 갑갑하다고 하시며 시골로 내려가셨다.

그 후 몇 년이 흐르고 할머니는 다시 우리 집에 오시게 되었다. 나는 옛날에 한 일도 있고 해서 되도록 할머니께 잘 해 드리려고 노력했다. 그런데 얼마간 할머니와 같이 있다 보니 할머니의 상태가 조금 이상한 것이 느껴졌다. 엄마와 아빠도 같은 생각이셨다. 언제부터인가 할머니께서 사람을 잘 못 알아보시는 것이었다. 처음에는 아주 가끔씩 그러셨지만 시간이 흐르면서 못 알아보시는 횟수가 많아졌고, 나중엔 사람을 제대로 알아보는 일이 드물게 되었다. 아빠가 "내가 누구예요?"라고 물으면 "우리 아빠."라고 하셨고, "여기가 어디예요?"라고 물으면 엄마의 친정이라고 대답하셨다. 할머니의 중풍이 치매로 전환된 것이었다. 하루하루 할머니의 상태는 심각해졌다. 처음엔 사람을 못 알아보기만 하셨지만 이제는 똥오줌도 가리지 못하게 되셨고, 옆에 이불이나 옷, 천 같은 것이 있으면 찢어 놓으셨다.

할머니의 병은 온 가족을 고통스럽게 했다. 할머니는 밤이 되어도 잠들지 않고 계속 기저귀를 뜯으셨기 때문에 아빠는 매일 할머니를 지키며 거의 뜬눈으로 밤을 새우셨고, 엄마는 할머니가 똥 기저귀를 뜯고 이불에 여기저기 똥을 묻혀 놓고, 이불을 다 뜯어 놓으셨기 때문에 날마다 빨래하고 이불을 꿰매느라 팔다리가 부러질 지경이었다. 아무리 환기를 시켜 놓아도 할머니의 방 안에서는 똥 냄새가 진동했고, 그 냄새는 거실까지도 풍겨 나왔다. 하루하루가 전쟁이었다.

내 내면에 감춰져 있던 할머니에 대한 미움이 다시 고개를 들기 시작했다. 엄마가 시키지 않는 이상 웬만해선 할머니 방에 절대로 들어가지 않았고, 가끔씩 들어갈 때면 "할머니는 왜 그렇게 사람을 못 알아보는 거야? 또 왜 그렇게 만날 똥 기저귀를 뜯어 놓아서 우리 엄마를 고생시키는 건데? 정말 할머니 미워 죽겠어."라며 할머니를 혼냈다. 이제 완전히 애가 된 할머니는 그럴 때마다 시무룩한 얼굴로 내가 퍼붓는 말을 묵묵히 듣고만 계셨다. 그래서 할머니는 우리 집 식구 중에서 나를 가장 무서워하고 싫어하셨다. 그렇게 근 3년이란 시간이 흘렀고, 할머니는 나날이 쇠약해지셨다. 밥도 잘 드시지 못했고, 이제는 힘이 없어 예전처럼 기저귀를 뜯어 놓지도 않으셨다. 친척들 사이엔 "이제 할머니의 명이 거의 다하셨나 보다."라는 말이 나돌았고, 그 예감은 적중했다. 할머니의 상태가 심각해지자 큰아버지와 아빠는 할머니를 병원에 입원시키셨다. 병원에서도 이제 편안히 보내 드리는 일만 남았다고 했지만, 그렇게 쉽게 할머니를 보낼 수 없었던 자식들은 산소 호흡기에 의존해서라도 조금이나마 할머니를 붙잡고자 했다. 나는 마지막으로 할머니의 얼굴을 보고자 병원을 찾아갔다. 예전의 통통하던 살은 다 어디로 가고, 할머니는 온몸이 퉁퉁 붓고 눈도 못 뜰 정도로 너무나 힘들어 하셨다.

"할머니, 도대체 왜 그렇게 된 거야. 내가 못되게 굴어서 할머니 이렇게 된 거야? 할머니 정말 미안해. 앞으로 진짜진짜 할머니한테 잘할 테니깐 눈 좀 떠 봐요, 제발……. 할머니 힘들어 하는 거, 나 더는 못 보겠어. 할머니 제발……."

내 눈에선 눈물이 폭포수처럼 펑펑 쏟아져 나왔다. 그런데 내 손에 따뜻한 기운이 느껴졌다. 할머니께서 그렇게 힘든 와중에서도 내가 온 걸 아시고 내 손을 꼭 잡아 준 것이었다.

그 순간 내 가슴은 쿵 내려앉았다. 그동안 할머니에게 못되게 군 일들이 머릿속을 스치며 내 마음을 끝없는 절망 속으로 끌고 갔다. 그리고 용서를 빌 수 있는 시간이 지금뿐일 수도 있다고 생각한 순간, 나는 무릎을 꿇었다.

"할머니, 그동안 제가 정말 잘못했어요. 할머니한테 못되게 군 거 제 진심이 아니었는데……. 그냥 할머니가 변해 가는 게 너무 싫어서 그랬던 거였어요. 제발 이 못된 손녀, 딱 한 번만 용서해 주세요. 언젠가 아주 먼 미래에 할머니 만나면 그땐 정말정말 잘해 드릴게요."

할머니가 용서를 해 주셨는지는 알 수 없다. 하지만 그 뒤 정확히 3일 후 할머니는 다시는 돌아올 수 없는 곳으로 영원히 떠나 버리셨다.

2. 다음 상상글을 읽고 이 이야기처럼 파리나 모기를 주인공으로 해서 이야기를 만들어 보자.

파리

이 과정이 내가 태어나면서 제일 고달픈 부분 중 하나였다. 파리는 완전변태 곤충으로 알 유충 번데기에서 성충으로 변화하는데 유충기에서 2번을 탈피하여 삼령기를 지냈다. 난 이 중 검정파리과의 왕루리먹파리라고 어른들은 말씀하신다. 우리 검정파리과는 불결한 장소에서 주거침입하여 바이러스 등을 기계적으로 운반하므로 사람들이 싫어한다.

얼어붙은 시냇물은 맑은 소리를 내며 흐르고 새로운 새싹들이 돋아 나온다. 첫봄을 맞아 게을러지는 내 심정. 어제 하루 굶어서 더 일어나기가 귀찮다. 보슬보슬한 개털은 엄마의 품속보다 더 따뜻하다.

이 집은 한마디로 딱 잘라 말하면 부잣집인 것 같다. 그래서 여기는 돼지와 소도 많다. 난 이 중에서 개와 소한테 붙어 잔다. 돼지는 털이 뻑뻑하여 따가울 뿐더러 꿀꿀 대는 소리에, 밤에 배가 고프면 사정없이 먹어 댄다. 그렇지만 배가 텅텅 빈 것 같으면 돼지한테 가 돼지의 똥을 먹을 때도 종종 있다. 어느 날은 소의 털 속에서 늦게 저녁을 먹고 잠을 자려고 하는데 다른 파리가 잘못해서 소의 콧구멍 속에 들어갔다. 그 순간에 소의 꼬리가 내가 자고 있는 곳을 스쳐 날개가 찢어졌다. 나에게는 치명적이었다. 나의 생명줄인 날개가 찢어진 것이었다. 다행히 그렇게 많이 찢어지지는 않아서 2개월 동안 쇠똥과 여물 속에서 소와 함께 지낸 적이 있었다.

맑은 햇살은 눈이 부셨다. 주인(김서방)은 돼지에게 죽 같은 것을 주었다. 아침은 돼지의 먹이로 때우고 봄바람을 맞으며 이리저리 돌아다녔다. 그러다 지붕이 기울어진 한쪽 모퉁이에 있는 집으로 들어갔다. 으스스한 느낌이 들었지만 돌아다니는 김에 들어가 보았다. 뜻밖에 사람이 살고 있었다. 그들은 다른 사람들과 달리 옷차림이 이상하였고 머리의 모습도 달랐다. 한 사람은 깡통을 들

232

고 말을 건네더니 문을 열고 나갔고, 한 늙은 사람은 깡통에 있는 밥을 먹고 있다. 내가 지내는 곳과 정반대인 이 집은 가난하다는 것을 느꼈다. 이 집에 있으면서 내 팔자가 이 사람들보다 편하다는 것을 느꼈고 파리로서 내 신분이 좋았다. 마음이 아파 더 이상 오래 있을 수는 없었고 이들에게 도움을 주고 싶었지만 안타까운 마음으로 구멍 뚫린 문살 사이로 나왔다. 먹을 것을 찾다 찾다 못해서 나무에 붙어 여기저기 둘러보다 영 먹을 것이 안 보여 아까 지붕이 기울어진 곳에 갔다. 늙은 사람은 이불 속에서 자고 있었고 깡통은 그 옆에 있었다. 깡통 속에 남은 찌꺼기를 먹고 나니 어두워지기 시작한다. 난 김서방네 집 쇠등에서 잤다.

이 마을은 한 해에 한 번씩 서민 씨름 대회를 열어 마을의 씨름 잘하는 사람을 뽑아 돼지를 상품으로 준다. 이렇게 씨름 대회가 열리면 구경꾼들과 엿장수, 아낙네들도 볼 수가 있는데, 씨름 대회는 텅 빈 내 배를 채울 수 있는, 제일 바라고 기다렸던 날이기도 하다. 이만큼이 되면 쥐도 올 시간이 되었다. 씨름 대회는 시작됐고 아이들, 어른 할 것 없이 엿을 빨며 즐겁게 구경하고 있었다. 천막 뼈대 기둥 위쪽에서 기회를 엿보려고 사방을 둘러보다 쥐를 보았다. 그런데 여느 때와는 달리 땅에 떨어진 엿을 찾으려고 정신이 없던 쥐가 이제는 고양이한테 쫓기느라 정신이 없다. 이러한 쥐를 보니 처량하고, 고양이라는 강자를 만나서 불쌍하다는 생각이 들었다. 그리고 옛 추억이 생각나서 돕기로 다짐하고, 나의 멋진 날개를 빨리 움직이면서 고양이 똥구멍에 붙었다. 처음은 쾨쾨하고 야리꾸리한 냄새가 났지만 그래도 난 좋았다. 고양이 똥구멍 곁에 있는 털에 똥 같은 것이 묻어 있어 그것을 먹다 쥐가 잡힐 듯할 때 똥 구멍 속으로 들어가 긁고 꼬집고 사정없이 마구 해 댔다. 이러니까 고양이는 달리다 나자빠져 한참을 뒹굴다 쓰러졌다. 이 사이에 난 밖으로 나왔다. 쥐는 나에게 고맙다는 눈짓을 했다. 쥐가 새 엿을 훔쳐와 반반씩 나누어 먹었다. 이날 배 터져 죽는 줄 알았다.

씨름 대회도 끝났고 여름도 막바지로 가고 있을 때는 파리, 모기님들의 활동은 더 넓어지고 활발해지는 시기이다. 거의 활동 장소는 돈 많고 집 큰 부잣집으로 택한다. 왜냐하면 그들은 많이 먹고 살이 탱탱해서 맛있는 피가 나오기 때문이다. 난 낮보다 밤에 운동을 더 많이 한다. 밤이 깊어만 가고 장 판서댁 대감이 주무시는 방으로 들어갔다. 눈치를 이리저리 살피며 날기 시작했다. 팔뚝을 쳐다보며 좋은 위치를 잡기 위해 다시 주위를 도는데 손이 내 몸통을 정확하게 쳤다. 내 몸은 완전히 마비가 되었고 장 판서 대감 옆에 떨어졌나 보다. 그때 긴 무엇인가가 내 옆에 놓였다. 팔이었다. 이 순간 무언가 날 누르고 있었다. 그런데 누가 날 잡아당겼다. 그리고 온몸을 지압시켜 주었다. 몇 분이 지나고 몸은 원 상태로 돌아왔고, 누군가가 내 옆자리에서 날 계속 돌보아 주었다. 그 누군가는 여파리였다. 얼떨떨해서 고맙다는 인사는 했으나 고개를 갸우뚱할 뿐 이상하였다. 여파리는 창고에는 먹을 것이 많다며 가자고 했다. 난 여파리가 하자는 대로 고분고분 잘 따라 했다. 창고에서 먹을 것을 먹고 같이 창고에서 하루를 지냈다.

다음 날 아침, 뜨거운 햇빛이 문틈 사이로 강하게 들어와 창고를 밝혔다. 잠자리는 불편하였으나 홀로 활동하다 같은 종족을 만나 기쁘고 기분이 좋았다. 창고 안 사방을 둘러보아도 여파리는 없었다. 안타까운 마음으로 날갯짓을 하려 할 때 여파리가 날아와 맑은 하늘을 날자고 하였다. 그 여파리와 난 정반대의 성격을 가진 것이다. 여파리는 날 강제로 끌고 갔다. 그렇지만 내가 사랑하는 파리가 좋아하는 것은 뭐든지 따라 하고 싶고 행동하고 싶다.

오늘은 이렇게 시작하였다. 아침은 장 판서댁에서 아홉 집만 가면 주막이 있는데, 거기서 어제 팔고 남은 막걸리 찌꺼기를 먹었다. 약간은 어지러웠다. 뭣도 모르고 마을 이곳저곳을 방황하다 냇가 쪽으로 갔더니 물소리가 났다. 시간이 지날수록 더 어지러웠다. 저쪽에서는 파리 한 마리가 온다. 많이 낯익은 얼굴, 여파리였다. 여기서 무엇 하냐고 물었지만 대답은 안 했다. 하늘이 노랗게 보이고 세상이 귀찮다. 눈앞이 캄캄하다. 여파리가 안 되겠다고 하며 내 옆에 다가올 때 난 시냇물에 떨어졌다. 여파리는 "안 돼!" 하면서 나를 따라 내 머리 위를 돌면서 손을 뻗쳤다. 난 손은 잡았지만 날개가 물에 젖어 날질 못했다. 여파리는 내 손을 놓으려 하지 않았다. 그 순간 내 몸이 뒤집혔다. 여파리의 눈에서는 눈물이 흐르고 바람이 세차게 불어왔다.

며칠 후 파리의 시체가 강물에 떠올랐다. 파리의 얼굴은 미소 띤 얼굴이었다.

04

세상을 바라보는
나만의 시선

수필 쓰기 —

세상에 대해 자신의 목소리를 드러내는 다양한 글은
모두 수필이 될 수 있다.

수필처럼 그 성격이 모호한 글도 없다. 수필은 사실 문학과 문학 아닌 것의 경계가 모호한 글이다. 다른 문학 갈래들이 허구적인 성격을 띤다면 수필은 사실적이라고 그 차이를 설명하기도 한다. 그러나 어떤 글도 사실을 있는 그대로 재현할 수 없다는 점에서 보면 모든 글은 허구적이다. 그리고 어떤 문학 작품도 사실에 기반을 두지 않은 완전한 허구는 없다는 점에서 사실적이기도 하다. 따라서 이러한 기준으로 수필과 수필 아닌 것의 경계를 나누기는 힘들다.

또 수필을 문학적인 수필과 논리적인 수필로 구분하기도 하는데, 이는 수필이야말로 문학적이기도 하면서 문학적이지 않다는 뜻이기도 하다. 우리나라에서는 주로 문학적인 수필만을 수필로 인정하는 경향이 있다. 그러나 외국에서는 소논문도 수필에 속하며, 논설도 수필의 갈래에 포함시킨다. 성공한 사람들의 성공담이나 처세법, 혹은 세상에 대한 발언들 역시 수필에 속하기 때문에 수필의 영역은 매우 넓다고 할 수 있다.

수필은 수의, 수제의 글이다. 논조를 따지고 형식을 차릴 것 없이 어떤 내용이든 소박한 채 솔직하게 써 내는 글이다. 논문보다는 단도직입적이어서 찌름이 빠르고, 형식에 구애되지 않아 풍자와 경구도 적나라하게 드러난다. 그래서 수필은, 강의나 연설이 아니라 좌담 같은 글이라고 비유한 말도 있다. 아무튼 단적이요, 소이해서 필자의 의도와 면목이 가림 없이 드러나는 글이다. 그 사람의 세계관, 그 사람의 습성, 취미, 교양, 이러한 모든 '그 사람의 것'이 소탈하게 드러나는 경우가 많으며, 감상문이나 서정문보다는 자기의 주장, 독특한 일가견이 있어, 늘 논설의 성질을 띠기도 한다.

이 글은 이태준의 『문장강화』에서 수필에 대해 논의한 것이다. 이 글에 따르면, 수필이란 어떤 형식이나 내용의 제약 없이 자신의 생각을 솔직하게 드러낸 글이라고 할 수 있다. 감상문이나 서정문보다는 논설의 성질을 띤다고 한 것은 감상적인 수필보다는 주장이 잘 드러나 있는 수필이 더 수필다울 수 있다는 것이다.

신풍시장을 지나며

윤진영(대영중 2)

얼마 전에 친구 생일 선물을 사기 위해 '2001아울렛'에 다녀왔다. 신풍시장 맨 끝에 있어서 우리는 신풍시장을 처음부터 끝까지 걸어야 했다.

입구에 들어서자 흔히 '노점상'이라 불리는 손수레들이 늘어서 있었다. 그중에는 연세가 높으신 할머님들도 계셨는데, 그분들 앞에 놓인 물건들을 보니 많이 안타까웠다. 그래도 그분들도 집에 돌아가시면 한 가정의 가장이실텐데……. 정말 돈만 있다면 모두 사드리고 싶은 심정이었다.

노점상들을 지나면 '진짜 시장'이 나온다. 배추 가게 아저씨, 생선 가게 아줌마, 신발 가게 할아버지, 그리고 그 손님들까지 모두 활기찬 모습으로 하나라도 더 팔려고, 조금이라도 더 깎으려고 실랑이를 벌이고 있다. 아무것도 모르는 외국인들이 본다면 싸우는 것이 아니냐고 오해할 수도 있겠지만 우리나라 사람들은 알고 있다. 싸우는 것처럼 보이는 그 순간에도 정이 오간다는 것을 말이다.

나도 전에 엄마를 따라 배추를 사러 간 적이 있다. 엄마는 그 배추를 배달시키셨는데 배달 오신 아저씨께서 땀을 닦으며 힘든 내색도 하지 않고 씨익 웃으시던 얼굴이 정말 인상적이었다. 그 웃음을 보며, 나도 크면 그렇게 거창한 일이 아니라도 나의 일에 만족하며 웃을 수 있다면 좋겠다고 생각했었다. 그 배추 아저씨뿐 아니라, 전부 다는 아니지만 시장에 가면 밝게 웃으며 물건을 파는 아주머니, 아저씨들을 볼 수 있다.

예부터 시장은 서민들의 삶의 터전이었다. 높이 들어선 백화점이나 슈퍼에 가려서 없어질 수도 있었지만 아직 없어지지 않았다. 그런데 그런 신풍시장이 이제 사라진다고 한다. 그 자리에 도로가 생긴다고 하는데 그 도로로 인해 더 편해질 수도 있겠지만 더욱 많은 사람들이 삶의 터전을 잃게 되는 것은 아닐까? 정말 안타까운 일이다.

    앞의 글은 한 학생이 신풍시장을 지나면서 보고 느낀 것들을 쓴 것이다. 필자는 2001 아울렛을 가기 위해서 신풍시장을 거치면서 노점상 할머니와 시장 상인들에게 안타까움을 느낀다. 돈이 있으면 할머니의 물건을 다 사 주고 싶은 마음이 들었지만 할머니가 파는 물건은 안타까운 물건들(?)뿐이었다. 더구나 하루하루 열심히 살아가는 사람들의 삶터인 시장이 도로 개발로 인해 없어진다는 소식에 더욱 안타까움을 느낀다. 이 글은 필자가 시장을 지나가면서 보고 느낀 감상을 중심으로 쓴 감상적인 수필이라고 할 수 있다.

    감상적인 수필은 철저히 필자의 주관적인 감정에 의존하기 때문에 감정의 과잉에 빠질 우려가 있다. 이 글도 그런 경향이 있다. 우선, 필자는 시장 사람들에게서 안타까운 감정을 느끼고 있지만 정작 시장 사람들이 모두 그렇게 안타까운 생활을 꾸려 나가는 것만은 아니다. 그들은 하루하루 열심히 일한 만큼 그 일에서 기쁨과 보람을 느끼고 살아가고 있을 수도 있다. 또한 시장 사람들이라고 해서 2001 아울렛 사람들보다 더 힘들게 살아간다고 단정하기는 어렵다. 필자는 그저 2001 아울렛을 가기 위해서 시장을 스쳐 지나가면서 관찰자적인 시선으로 시장 사람들을 보고 평가를 하고 있다.

감상은 우리가 대상에 대한 애정을 갖도록 만든다는 점에서 매우 중요한 요소이긴 하지만 지나치게 감상에 젖을 경우 대상의 본질을 정확히 파악하지 못하게 하기도 한다. 따라서 대상을 깊이 있게 탐구하여 문제의 본질을 들여다볼 수 있는 성찰이 필요하다. 이를 위해서는 대상에 대한 탐구와 함께 대상의 의미를 파악하고자 하는 노력이 필요하다. 이렇게 필자가 세상에서 발굴하고 탐색한 새로운 의미를 진솔하게 전달할 때 수필은 우리의 삶에 큰 깨달음을 안겨 주기도 한다.

착각으로 인한 7년간의 실수

안성민(성내중 2)

그 책을 읽지 않았다면 난 앞으로도 계속 바보가 될 뻔했었다. 내가 초등학교를 다닐 무렵, 벌써 몇 년 전의 일이다. 난 그날도 학원에 갔다. 산수 문제를 풀던 난 너무도 어려운 문제를 만났다. 다른 아이들은 모두 수월히 풀고 있었다. 원래 웬만해선 잘 묻지 않던 난 문제에 시달리다 못해 학원 선생님을 불렀다.

내가 문제를 묻지 않는 덴 이유가 있었다. 그건 물어보는 순간 바보가 되는 느낌이 들고 왠지 나 자신이 초라해지는 것 같은 느낌 때문이었다. 이런 이유 때문에 웬만해선 잘 묻지 않던 난 특별히 물었다.

선생님은 평소에 잘 묻지 않던 내가 물으니 어려운 문제인 줄 알았나 보다. 선생님이 오셨다. 선생님은 문제를 보고 말씀하셨다.

"이것도 모르니?"

내가 묻지 않는 이유가 늘어나는 순간이었다.

난 그 후 선생님에게도 웬만해선 묻지 않았다. 그리고 몇 달 후 이번엔 친구에게 물어보았다. 친구는 인심을 쓰듯이 다가왔다. 친구는 문제를 보고 말했다.

"짜식아, 이렇게 쉬운 문제도 못 푸니?"

난 그 후 아무에게도 묻지 않았다. 물론 예외도 있었지만……. 몇 년이 지난 후부턴 약간씩 물어보았다. 설명이 이해가 되지 않을 때도 있었다. 하지만 아는 척하고 넘겼다. 이런 답답한 식으로 난 7년(초등학교+중1)을 보냈다.

그러다가 며칠 전에 책을 읽었다. 다 읽지는 못했지만 내 뇌리에 남아있는 구절이 하나 있다. 그 책의 제목은 『개미』(?)였던 것 같다. 아닐 수도 있다. 그 책에 이런 내용이 적혀 있었다.

"모르는 것을 물었을 땐, 그 순간은 바보일지 몰라도 그 순간이 지나면 바보가 아니다. 하지만 묻지 않는 사람은 그 순간은 바보가 아닐지 몰라도 평생 바보가 되는 것이다."

참 의미심장한 말이다. 그 글을 읽은 며칠 전부터 묻는 것에 자연스러워졌다. 참 고마운 책인 것 같다. 나에게 물음이란 행복까지도 가져다줄 수 있는 그 무엇인 것 같다.

이 글은 국어 교과서에도 여러 번 실린 글이지만 문학적 표현이 화려하거나 감상이 두드러진 글은 아니다. 그저 자신의 경험을 소개하고 그 경험을 통해서 깨달은 바를 솔직하게 적은 것이다. 모르는 것을 물어보는 것을 부끄럽게 생각하는 것은 이 학생뿐만이 아니다. 그런데 이 학생은 누구나 겪었을 법한 그런 경험을 자신이 책을 읽고 깨달은 내용과 연결시켰다. 이 학생이 깨달은 바는 사실 책에서 읽은 것이긴 하지만 자신의 경험과 관련시킴으로써 온전히 자신의 체험을 통한 깨달음으로 발전시켰다.

수필이란 형식의 제약이 없이 자유롭게 쓸 수 있는 글이기 때문에 감상 중심으로 쓸 수도 있고, 깨달음이나 의견 위주로 쓸 수도 있다. 무엇을 위주로 쓰건 필자의 경험이 오롯이 담겨 있으면서도 그 경험을 통해 얻게 된 생각이나 깨달음 같은 것이 반영되어 있을 때 감동은 배가된다. 그런데 깨달음이라고 해서 무슨 고매한 사상을 표현해야 하는 것은 아니다. 우리는 일상생활을 하면서 자신의 실수를 통해서도 새로운 깨달음을 얻게 되고, 남의 이야기를 듣거나 그 행동을 보면서도 인생에 대해서 배운다. 그렇게 자신의 경험과 남의 이야기를 통해서 깨닫게 되는 작은 것들이 삶의 지혜로 쌓이는 것이고, 수필은 그 깨달음을 다른 사람들과 나누는 일이라고 할 수 있다.

제2의 살리에리들

윤선영(성내중 1)

'아마데우스'라는 영화를 본 사람들이 많을 것이다. 이 영화에서는 아주 대조적인 인물이 두 명 나온다. 바로 모차르트와 살리에리. 모차르트는 타고난 천재성을 지니고 뛰어난 음악을 작곡해 내는 천재 작곡가이고, 살리에리는 이 모차르트를 질투하며 비겁하고 야비하지만 그래도 처절할 정도로 노력하는 불쌍한 보통 사람이다.

월반제가 생긴다고 한다. 빠르면 올 2학기 때부터 초·중·고 전 학년에 실시된다고 하는데……. 물론 이 월반제에는 좋은 점이 많다. 먼저 우수한 인재들의 발견이 빠르게 이뤄진다. 이렇게 인재들의 발견이 빠르게 이뤄진다면 시간 낭비 같은 것도 안 할 수 있고 학교를 빨리 졸업해 능력을 더 많이 펼칠 수 있을 것이다. 그리고 경제의 원동력이 될 수 있다. 이 점은 단점이자 장점이겠지만 심하지 않은 경쟁은 누구에게나 좋은 것이다. 자기 발전도 되고 그 밖에도 좋은 점이 많긴 하지만 내 생각에 월반제 실시는 바람직하지 못하다.

우선 월반된 학생들이 그 학년에서 잘 적응할 수 있을까의 문제가 있다. 학교에서 공부 못지않게 중요한 것은 바로 사교 활동이다. 적극적인 사교 활동이 무척 중요한데 월반된 학생들이 자기보다 몇 살이나 위인 형, 언니들과 과연 잘 지낼 수 있을 것인지……. 나이 많은 학생들은 자기들보다 능력이 뛰어나다는 데 대한 질투심에 월반 학생을 따돌릴 수 있고, 월반 학생들은 그 때문에 외톨이가 되고 공부에 대한 흥미(?)까지 잃을 수 있다. 또 좀 반대되는 경우로 월반생들의 특권 의식이 생길 수도 있다. '나는 남과 달라, 난 천재야.'라는 자아도취에 빠질 수도 있고, 그 때문에 다른 학생들을

영화 〈아마데우스〉(밀로스 포먼 감독, 1984년)에 등장하는 살리에리.

무시하기도 하고 그들만의 집단을 만들 수도 있다. 잘하면 연줄 사회가 될 수도 있을 것이다. 그리고 앞에서는 장점으로 소개했지만 단점이 더 많은 '경쟁의 원동력'이라는 문제이다. 심하지만 않다면 이것만큼 장점인 것도 없겠지만 심해지면 이것만큼 단점인 것도 없다. 학교끼리 자기 학교의 위신을 세우기 위해 월반생 배출하기에 정신이 없을 수도 있고 월반생 과외, 문제집 등이 생길 수도 있다. 그리고 부모나 학생이 자기 아이나 자신을 월반생이 될 만한 인재로 생각하는 경우도 있을 것이다. 능력도 안되면서. 그러다가 안되면 또 충격 받고……. 월반제로 학생들의 자살 요인이 하나 더 늘어날 수도 있는 것이다.

하지만 월반제 실시로 인해 가장 우려되는 것은 바로 '제2의 살리에리들'의 출현이다. 타고난 머리로 월반을 해 나가는 모차르트(?)들을 보고 보통 사람인 살리에리들은 그를 질투하고 자신에 대해 실망을 할 것이다.

　자연스러운 게 좋은 것이다. 월반제라니, 이것은 학생들 간의 과도한 경쟁심만 일으킬 뿐더러 계급 같은 것까지 생길 수 있는 문제성이 많은 제도라 생각한다. 모차르트든 살리에리든, 이런 것들을 갈라 차이 두기에 우리는 아직 너무 어리니까.

　이 글은 월반제에 대한 학생의 주장을 중심으로 쓴 글이다. 이른바 '논설'에 가까운 글이라고 할 수 있다. 그런데 월반제의 문제점을 구체적으로 제시했을 뿐만 아니라 장점도 외면하지 않고 있어서 매우 설득력이 있다. 또한 월반한 학생들과 그렇지 못한 학생들을 모차르트와 살리에리에 비유하여 독자들이 쉽게 공감할 수 있도록 하였다. 이른바 논리적인 설득 전략과 감성적 설득 전략을 동시에 구사하고 있는 것이다. 보통 학생들은 감정적인 비난을 하는 경우가 많은데 이 학생은 자신이 그 문제에 대해서 탐구한 것을 차분하게 제시하여 독자들이 공감하고 수용하지 않을 수 없도록 하였다.

　이 글은 사회적인 문제에 대한 자신의 성찰을 다뤘다는 점에서 한 편의 좋은 수필이라고 할 수 있다. 사회적인 문제의 경우 감성적으로만 접근을 하면 오히려 문제의 본질을 놓치거나 독자의 공감을 얻지 못할 수도 있다. 논리적으로 문제의 본질에 접근하면서도 감성적인 표현을 사용할 때 이해와 공감의 폭을 넓힐 수 있다. 따라서 자연 현상에 대한 관조적인 글이나 과거를 회상하면서 감상에 젖는 글만이 수필이 아니다. 세상의 여러 가지 문제에 대해서 자신의 목소리를 드러내는 다양한 형식의 글이 모두 수필이 될 수 있다.

1. 다음 수필을 읽고 필자가 대상에서 어떤 의미를 이끌어 내는지 이야기해 보자.

코 파기

나는 언제부터인가 일을 하거나 글을 쓰거나 무언가에 몰두하게 될 때 코를 파게 된다. 내 머리맡에 있는 휴지가 남아나지 않을 정도로 난 코를 파게 된다. 쓰레기통이 휴지로 3일 만에 꽉 차게 되면 어머니께서는 항상 이렇게 말씀하신다.

"그렇게 코 파다가는 콧구멍 넓어진다."

가령 일을 할 때 가끔씩 코를 파지 않으려고 힘쓸 때에는 콧속의 간질간질한 촉감이 소름을 돋게 한다. 누구나 느끼겠지만 큰 것을 빼냈을 때의 쾌감은 무엇보다도 시원하다. 사람이 많을 때도 나는 개의치 않는다. 왜냐하면 그 답답함을 느끼면 돌아 버릴 것 같기 때문이다.

내가 초등학교 5학년 때다. 연극을 하던 도중 난감을 느꼈다. 답답한 감이, 모두가 보고 있는 앞에서 파긴 좀 뭐했다. 마침 뒤돌아보는 신이 있어서 그때 난 파고 말았다. 문제는 이 코의 뒤처리였다. 잘 떨어지지 않는 코를 어떻게 할 도리가 없었다. 할 수 없이 난 그 코를 벽에다 발랐고, 그것을 보신 선생님도 웃으셨다.

난 그 순간만큼은 세상 사는 걱정도, 문제도 잊고 코를 파게 된다. 난 여러 사람이 있을 때도 반드시 걸렸을 때는 뒤돌아서 파야 한다. 나에게 코 파기란 모든 문제의 탈출구이자 인생살이의 한 쾌감의 일부다. 만약에 코딱지가 없다면 파는 노력의 결실을 맛볼 수 없을 것이다.

2. 다음 글을 읽고 필자가 자신의 주장을 펼치기 위해서 어떤 방법을 사용했는지 분석해 보고, 우리 주변의 문제에 대해 자신의 주장을 정리해서 논리적인 수필을 써 보자.

불이 나야 뛰어나오는 사회

요즘 사람들은 대부분 자기나 자기 가족밖에 모르는 것 같다. 예전에는 이웃도 한 가족처럼 생각하고 지냈다고 하는데 요즘에는 이웃이라는 말이 왜 있는지 모르겠다.

옛날에는 이웃과 그렇게 친했다는데 요즘에는 자기밖에 모르는 세상이 되었다. 이렇게 가다가는 가족도 나중에는 이웃처럼 상관도 안 하고 살게 될지도 모른다. 나도 자기밖에 모르는 삶을 겪은 사람이다.

여름에 더워서 현관문을 열고 있다가 닫을 때쯤에 누가 뒤에서 문을 잡아당기는 것이었다. 어머니께서는 잡아당기려 하다 힘이 달려 마침내 "도둑이야!" 하고 소리를 질렀다. 그런데 한 사람도 나와서 보는 사람이 없었다. 그리고 며칠이 지나고 우리 아랫집에 불이 났다. 아랫집에서 "불이야!" 하고 외쳤다. 그런데 그 소리를 듣고는 너나없이 모조리 다 나오는 것이었다.

나는 참 어이가 없었다. 우리가 "도둑이야!" 하고 외칠 때는 한 사람도 보이지 않더니 "불이야!" 하니까 모조리 다 나오다니. 이렇게 심각할 줄은 몰랐다. 그래서 요즘에는 도둑과 범죄, 깡패 그런 나쁜 것들이 많이 늘어나는 것 같다.

인간이란 자기 혼자서는 못하는 일도 있을 수가 있는 것인데, 그렇게 자기 혼자라는 그런 생각을 하면 좋은 것은 하나도 없을 것이다. 그래서 옛 속담에도 이런 말이 있다. "뭉치면 살고 흩어지면 죽는다." 그런데 요즘에는 "흩어지면 살고 뭉치면 죽는다."라는 말로 변할 정도이다.

나도 이웃을 도와준 적은 없지만 도움 받은 적은 있다. 어느 날 아버지와 내가 냉장고를 들고 계단을 내려오는데 조금 무리였다. 그런데 옆집 아저씨께서 그것을 보시곤 도와주셨다. 또 열쇠를 안 가져와서 집에도 못 들어간 날이 있었다. 어머니께서 늦게 들어오시는 날이었다. 돈은 없고 배가 무척 고팠다. 그래서 어쩔 수 없이 이웃에게 도움을 받았다.

이렇게 도와 가며 살면 손해 볼 것은커녕 이득만 있다. '나만 좋으면 되지…….'라는 생각은 버려야 한다고 생각한다. 앞으로는 옛날처럼 이웃과 오순도순 더불어 사는 사회가 됐으면 좋겠다.

05

내가 본 것을
너에게도 보여 줄게

기행문 쓰기 —

기행문이란 새로운 세계를 탐사해서
그곳에서 보고 듣고 느낀 것을 독자에게 소개하는 글이다.

기행문은 여행을 하면서 보고 듣고 느낀 것을 적은 글이다. 새로운 세계를 탐험하고 그 내용을 소개한 기행문은 역사적으로도 소중한 가치를 지닌다. 최근에는 해외여행에 대한 관심이 부쩍 높아지면서 외국 여러 나라를 여행하면서 보고 들은 내용을 소개한 글들이 많다. 또한 여행과 함께 다양한 음식점과 음식 문화를 소개한 책들도 독자의 흥미를 끈다. 요컨대 기행문이란 새로운 세계를 탐사해서 그곳에서 보고 듣고 느낀 것을 독자에게 소개하는 글이라고 할 수 있다.

그런데 기행문이라고 해서 반드시 무슨 해외여행이나 멀리 가서 경험한 것들만 써야 되는 것은 아니다. 우리 주변에 있지만 평소에는 눈길을 두지 않았던 것들에 대해 소개하는 글도 좋은 기행문이 될 수 있다. 학생들이 돈 들이지 않고 쉽게 할 수 있는 기행 과제는 바로 우리 동네 기행문이다. 동네마다 독특한 음식 골목, 시장 골목 들이 있고 집들이 늘어선 골목의 풍경들도 서로 다르다. 평소에는 늘 그냥 지나치기만 했던 우리 동네의 명소나 골목, 음식점 들을 다른 사람들에게 알려 주는 기행문을 써 보면 우리 동네의 모습을 새롭게 발견할 수도 있다.

새벽에 본 월영교(위)와 밤에 본 월영교(아래).
같은 장소도 언제, 어떤 시각으로 보느냐에 따라 다르게 보인다.

기행문의 구성 요소로는 흔히 여정, 견문, 감상 세 가지를 든다. 이것은 무슨 법칙 같은 것이 아니라 어디에 가서 무엇을 보고 들었는지, 그리고 무엇을 느끼고 생각했는지를 다른 사람들이 잘 알 수 있도록 구체적으로 쓰라는 것이다. 기행문에서는 이 세 가지 요소가 균형 있게 제시될 경우 독자가 잘 이해할 수 있는 반면에, 어느 한두 가지 요소에만 치중되어 있을 경우 독자들에게 불친절한 글이 되기 쉽다. 예를 들어 여러 군데를 다녀와서 여정만 자세히 소개할 경우에도 독자는 번잡하고 지루하게 느끼기 쉽고, 여정이나 견문은 간략히 소개하고 감상만을 장황하게 늘어놓아도 독자 입장에서는 흥미를 잃기 쉽다.

다음은 대학생들이 안동 월영교를 다녀온 뒤에 쓴 기행문이다.

월영교 1

저희는 월영교를 목적지로 기행문을 쓰기 위해 다녀왔습니다.

처음에는 월영교를 가고, 그리고 여러 군데를 들렀다가 그다음에 돌아와서 쓰려고 했었습니다. 하지만 일정이 계획처럼 잘 이루어지지 않았습니다. 이제부터 기행문을 써 보도록 하겠습니다.

아침 8시에 일어나 기숙사 밥을 먹고 9시에 조원과 만나서 안동대학교에서 출발하여 안동역을 거쳐서 월영교까지 걸어갔습니다. 그런데 월영교까지 버스를 한 번만 타고 걸어가려면 안동역에 도착하기 전에 내려서 걸어가야 했었습니다. 그래서 생각보다 오래 걸리기는 했지만 가는 동안 조원들과 이야기도 하고 장난도 치며 걸어가다 보니 시간이 정말 빨리 지나갔습니다. 그렇게 오래 걸어서 월영교에 도착했는데 입구에서 엿을 팔고 있었습니다. 그래서 사 먹었는데 과연 사람들이 많이 사갈 만한 맛이었습니다. 그렇게 맛있게 엿을 먹으면서 월영교를 지나니 이육사의 시 '광야'가 적혀 있었습니다. 저는 '광야'를 보고 고등학교 때 국어 공부를 하기 싫어서 잠을 잤던 기억이 떠올랐습니다. 그때를 생각해 보니 정말 어린이 같은 생각이었습니다. 그리고 다시 월영교를 지나서 안동대학교로 돌아가려고 하는데 아까보다 더 친해져서 그런지 시간이 빨리 지나간 거 같았습니다. 그런데 막상 다녀와서 지금 생각해 보니 스트레스도 많이 풀리고 해서 중간고사 끝나고도 가고 싶습니다.

이 학생이 쓴 글을 보면 월영교로 가는 여정을 소개하는 것이 절반이 넘는다. 그런데 정작 목적지에 가서는 월영교가 어떤지는 전혀 소개하지 않고 엿 파는 이야기와 이육사의 시 「광야」에 대한 감상만 간략히 소개하고 있을 뿐이다. 이 학생의 감상은 "스트레스도 많이 풀리고 해서 중간고사 끝나고도 가고 싶습니다." 하는 것이 전부이다. 여정이 지나치게 많은 부분을 차지하고, 견문과 감상이 체계적이지 않고 매우 간략한 것으로 보아 이 학생은 기행문을 그냥 '어디에 갔다 온 이야기' 정도로 인식하고 있는 것으로 보인다. 실제로 많은 학생들이 이런 형태로 기행문을 쓰는 경우가 많다.

월영교 2

건강한 사람도 감기에 걸리게 한다는 꽃샘추위가 기승을 부리는 요즈음, 우리가 월영교에 간다는 사실을 어떻게 알았는지 아침부터 해가 따스하게 우리를 비춰 주었다. 안동에 사는 나는 그동안 그곳에 여러 번 가 보았지만, 달에 관련된 설이 많아 이름 붙여진 월영교는 갈 때마다 새로운 느낌으로 나에게 다가왔다.

월영교에 처음 도착했을 때 넓디넓고 정말 푸르른 낙동강이 눈에 탁 들어와 내 마음을 정화시켜 주었다. 한동안 낙동강만 쳐다보다가 친구들이 불렀을 때에서야 강에서 눈을 뗄 수가 있었다. 요즈음 날씨가 그래서인지 월영교를 보러 오거나, 주변의 헛제삿밥이나 매운탕을 먹으러 온 사람들과 차로 북적북적하던 월영교가 오늘은 한산하고 조용하여 찬찬히 여유 있게 둘러볼 수 있었다.

월영교에 올라서서 왼쪽을 바라보니 안동댐이 보였다. 댐에서 물이 내려오는 것도 경치라 하면 할 수 있을 정도로 무척이나 아름다웠다. 해가 높이 뜨기 전인 오전에 가서인지 앞을 쭉 바라보고 걷다 보면 산을 배경으로 안개가 살짝 떠 있어 우리가 신선계로 들어가고 있다는 느낌을 받았다. 그래서인지 바깥에서 볼 때보다 그 위를 걷고 있을 때 다리의 자태가 더욱더 우아하고 고급스럽게 느껴졌다.

양옆에 낙동강을 끼고 서 있는 월영교를 걷다 보면 강바람이 정말 세다는 것을 느낄 수 있다. 바람에 몸을 맡기고 걸어가면서 본 다리의 상단은 나무이고 하단은 철제로 이루어진 독특한 구조였다. 다른 다리들에서 볼 수 없는 구조라 더욱 신기했다. 월영교를 쭉 따라 걷다가 중간에 누각이 하나 있어 걸음을 멈추었다. 팔각정이라고도 하는 누각의 이름은 '월영정'. 이름이 너무 아름답다는 생각이 들었다. 누구 하나 망설일 것 없이 월영정 위로 성큼 발을 내딛었다. 월영정 안에서 보는 낙동강의 경치는 너무 신선해서 내가 방금까지 걷던 다리 위가 아닌 새로운 장소 같았다. 사람마다 같은 글을 읽고도 다른 생각을 하듯이, 같은 장소라도 위치에 따라 새로운 느낌을 받는다는 것이 너무 신기했다.

저녁 무렵의 월영교는 다리 양쪽에 조명이 은은하게 켜져 마치 진주알들이 알알이 박혀 있는 느낌을 낸다고 한다. 우리는 비록 오전에 갔지만 밤에 월영교를 찾아가 그 다리를 따라 걷고 있으면 마치 고고한 선비가 책을 읽다가 산책을 나온 것 같은 기분을 느낄 수 있을 것 같다. 다음번에는 밤에 오기로 약속한 후 아쉬운 발걸음으로 돌아 나왔다.

요즘같이 정신없이 빠르게 변화하고 지나가는 시대에 한번 쉬어 가는 여유를 느끼게 해 주는 여행이었다. 다리 위를 걷고 있노라면 복잡하고 답답했던 생각들이 사라지고 마음을 시원하게 만들어 요새 흔히들 말하는 힐링이 되는 느낌이었다. 월영교는 바쁘게 흘러가는 시간 속에서 누군가가 마음의 여유를 원한다면 꼭 한번 가 보라고 추천하고 싶은 그런 곳이다.

이 학생의 글은 기행문의 구성 요소인 여정, 견문, 감상 중에서 어떤 것이 더 많은 비중을 차지하고 있을까? 앞의 글과 달리 이 글에서는 여정은 거의 생략되었고 견문도 간략한 반면에 감상이 많은 비중을 차지하고 있다. 그런데 감상이 "푸르른 낙동강이 눈에 탁 들어와 내 마음을 정화시켜 주었다.", "우리가 신선계로 들어가고 있다는 느낌을 받았다.", "마치 고고한 선비가 책을 읽다가 산책을 나온 것 같은 기분을 느낄 수 있을 것 같다."처럼 다분히 상투적인 표현이라서 독자가 필자의 감상을 과장된 것으로 느낄 가능성이 높다. 이처럼 지나치게 감상 위주로 글을 쓸 경우에도 독자는 월영교가 과연 어떤 곳인지에 대해 정확한 정보를 얻기 어렵다. 따라서 "누군가가 마음의 여유를 원한다면 꼭 한번 가 보라고 추천하고 싶은 그런 곳"이라고 필자는 말하지만 독자가 그것을 공감하지 못한다면 설득력을 얻기 힘들다.

월영교 3

유난히도 날씨가 좋았던 28일 목요일에 공강 시간을 활용해 안동댐 월영교로 출발했다. 겨울이 지난 후 오랜만에 내리쬐는 따뜻한 햇볕에 눈이 부셔 기분 좋게 눈이 찌푸려졌다. 20분 정도 버스와 택시를 타고 월영교에 도착할 수 있었다. 생전 처음 가 보는, 모르는 길이라서 그런지 설렘이 두 배, 세 배가 되었다. 월영교에 도착하자마자 푸르고 넓은 강이 새파란 하늘 아래에 끝없이 펼쳐졌다. 월영교는 일직선으로 강을 가르며 쭉 뻗어 있었다. 그 기막힌 풍경에 나는 감탄사를 쉴 새 없이 내뱉으며 다리에 올라섰다. 이 아름다운 풍경을 간직하기 위해 사진에 풍경을 담으면서 다리의 한가운데까지 계속 걸어갔다. 끝없이 펼쳐진 강 끝에 보이는 산은 언

어 시간에 배웠던 정철의 작품을 떠오르게 했고, 강 너머로 보이는 아파트들은 내가 서울의 한강에 와 있는 것인가 하는 착각을 하게 했다. 강 한가운데에 서 있는 기분을 한껏 즐기고 싶어서 그 자리에 계속 머물러 있고 싶다는 생각이 들었지만 앞으로 걸어 나가는 동기들을 따라서 나도 육지를 향해서 걸어가야만 했다.

아쉬운 마음을 뒤로 하고 다리를 다 건넜을 무렵, 보기만 해도 올라가기 힘들어 보이는 계단이 있었다. 마치 여고의 등굣길처럼 경사진 곳에 길게 펼쳐져 있었다. 너무 들뜬 나머지 '이런 건 별거 아니지.'라고 생각하며 힘차게 계단을 올랐더니 얼음을 저장해 놓는 창고인 '석빙고'가 보였다. 석빙고의 내부에도 들어가 보고 싶었지만 철창으로 막아 놔서 감옥 같은 모습밖에 볼 수 없었다. 여러 집들을 거쳐 물레방아가 하나 보였다. 하지만 물이 말라서 제 기능을 못 하고 있는 물레방아가 왠지 안쓰러웠다. 그 건너편에는 호수가 하나 있었는데, 호수 너머에 있는 강과 어우러진 모습이 참 멋져서 멋있게 가꿔 놓은 부잣집의 별장에 온 기분이 들었다.

기행을 마치고는 월영교 앞에 있는 식당에서 헛제삿밥을 먹었다. 여러 나물들이 서로 어우러져 내는 맛과 향이 안동댐에 있는 풍경들과 참 많이 닮았다는 생각이 든다. 기행 숙제였지만 대학교 적응과 과제 때문에 바빴던 마음이 잠시나마 치유되는 기분이었다.

이 학생의 기행문에는 여정과 견문, 감상이 비교적 균형 있게 제시되어 있어 덜 지루하다는 느낌을 받는다. 그리고 사진을 첨부하여 월영교가 어떤 곳인지 독자들이 좀 더 잘 이해할 수 있도록 하였다. 그러나 이 학생의 여정과 시선의 이동이 너무 빨라서 독자가 따라가기에는 다소 벅찬 느낌이다. 자신이 간 곳과 본 것, 그리고 그 감상을 배경 설명 없이 나열해서 독자가 상황을 이해하기 어렵게 만들었다. 이 학생은 월영교에 도착해서 다리를 설명하다가 다리 한가운데로 가서 건너편 산을 봤다가, 다시 다리에서 멀리 떨어진 건너편 하류에 위치해 있는 아파트 단지를 보고 있다. 그러고는 다리를 건너서 석빙고에 올랐고, 다시 상류 쪽에 있는 민속촌으로 이동해서 호수라기보다는 연못에 가까운 물가 풍경을 구경하고 있다. 이런 필자의 동선을 이해하기 위해서는 다리의 위치와 규모, 크기 등에 대한 정보가 제시되어야 하고, 다리 이쪽과 저쪽의 모습이 어떤지를 먼저 소개했어야 한다. 그런데 아무런 배경 설명 없이 이쪽저쪽으로 돌아다니기 때문에 독자가 상황을 이해하기 힘들다.

월영교는 안동댐의 하류에다가 철제 다리를 지그재그로 설치하고 그 위에 나무를 얹어서 시민들이 건너다니도록 만들어 놓은 것이다. 다리 한가운데에는 월영정이라는 누각을 설치하여 시원한 전망을 누릴 수 있도록 했다. 다리 이쪽에는 주차장과 상점들이 늘어섰지만 다리 건너편은

숲이 우거진 모습이며, 왼쪽에는 민속촌이 조성되어 있고 오른쪽에는 석 빙고 등이 있다. 또 강 양쪽으로 강을 따라 산책길이 조성되어 있어 시민 들이 강변을 따라 산책할 수 있도록 했다.

이처럼 월영교에 대한 전체적인 소개를 하고 나서 다리의 모습이나 그 위에서 보이는 전경과 느낌 등을 묘사한다면 독자들이 좀 더 쉽게 필 자의 동선을 따라가며 필자가 느꼈던 기분을 함께 느낄 수 있을 것이다. 즉, 독자가 여정을 이해할 수 있도록 배경 설명을 하면서 견문과 감상을 균형 있게 제시해야 이곳에 대해 잘 모르는 독자라도 충분히 이해할 수 있다. 또한 자신이 여행한 모든 것을 다 소개할 필요는 없고, 소개하고자 하는 핵심적인 대상을 중심으로 자세히 소개하는 전략이 필요하다.

창동역의 닭꼬치 경쟁 지역을 다녀와서

명진우(도봉고 1)

푸르고 높은 가을 하늘의 여유로움에 취해 있던 중 문득 한 개 의 닭꼬치가 그리워졌다. 본디 사람들이 닭꼬치의 화(火)한 맛은 겨 울에 즐겨야 한다고 생각하기 쉬우나 그것은 몰라서 하는 말이다. 여름에는 너무 기가 쇠하여져 닭꼬치의 깊은 풍미를 느끼기 힘들 고, 겨울엔 혀와 입이 둔해져 역시 닭꼬치를 즐길 수 없다. 봄과 가 을 중에서도 특히 가을에는 몸의 양기와 음기가 거의 같아지면서 도 양기가 약간 부족하니 닭꼬치로 쇠해진 양기를 보충해 주기에 제일 적격이다. 어쨌든 간에 나는 닭꼬치의 명소로 알려진 창동역 으로 발걸음을 옮겼다. 가는 도중에 마치 그리스신화의 황금사과인 양 매달려 있는 은행 열매와 선선히 내 코를 간질이는 배기가스와 가을바람에 취해 두어 번 발걸음을 멈추었지만 20여 분의 긴 여정 끝에 비둘기 떼들이 나를 맞이하는 창동역에 무사히 다다를 수 있었다.

첫 번째로 들어간 곳은 횡단보도 앞 '불닭꼬치 지점'. 먼저 입맛을 돋우기 위해 '소금구이 맛'을 주문했다. 한 입 베어 무니 입안에 짭짤한 구운 소금의 향과 담백한 닭 맛이 어우러져 개운한 맛이 입안에 퍼졌다. 최근 닭꼬치 열풍에 동반해 생겨난 아류점인데도 불구하고 깔끔한 맛을 자랑했다. 단, 닭기름이 부분부분 남아 있는 게 아쉬웠다.

바로 횡단보도를 건너 거리를 지나가다 옛 롯데리아 터가 눈에 띄었다. 롯데리아가 사라지고 싸구려 화장품 판매점이 들어섰으나, 군데군데 남아 있는 롯데리아 마크와 의자가 옛 추억을 떠올려 주었다. 순간, 왠지 모르게 마음이 울적해졌다.

롯데리아 터를 벗어나 길가 모서리에 생긴 신설 닭꼬치점에 들어가 닭꼬치를 주문했다. 기다리는 동안 가게를 살펴보니 미리 구워 놓은 닭, 비효율적인 양념통 배열에서 초보 닭꼬처(Chicken GGocher : 닭꼬치 굽는 사람)의 분위기가 물씬 풍겼다. 부분적으로 손질이 부족하고 푸석푸석한 면이 없지 않았으나 1,000원인 가격에 비하면 괜찮은 편이었다. 값을 지불하고 걷기 시작했다. 겨울이 되면서 들어선 빨간 어묵 집의 깊고 매콤한 풍미가 나의 코를 유혹했다. 400원을 내고 어묵 한 개와 어묵 국물을 들이키니 개운하니 입안이 아주 깔끔해진 느낌이 들었다.

창동역 다리 아래의 비둘기 똥 지대를 지나자 닭꼬치 4대 명물 중 하나로 불리는 '핵 불닭꼬치-20여 명의 요리사가 엄선해서 만든 소스를~' 집이 보였다. 냄새만 맡아도 목구멍이 뜨끈해지는 것이 벌써부터 그 맛이 심상치 않음을 나타내 주었다. 두근대는 마음을 진정시키며 최고 명물 '핵폭탄3 닭꼬치'를 시켰다. 한 입 깨무는 순간, 나의 이성이 끊어졌다. 아! 그 궁극의 매움이라! 그것은 이미 인간이 버틸 수 있는 혀 감각의 한계를 넘은 것처럼 보였다. 어떻게 남은 부위를 다 먹었는지도 기억하지 못하며, 이마트의 정수기 앞으로 달려가 무려 20분 동안 물만 마셨다. 잠시라도 손을 쉬면 매운 고통이 목구멍과 성대를 끊임없이 괴롭혔기 때문에 무려 50컵 이상이나 마셨다. 나중에 들어 보니 그 핵폭탄 맛 꼬치는 리필이 가능하다고 한다. 모험과 도전, 공포를 선호하는 사람에게 추천해 주고 싶다.

아직도 얼얼해진 혀를 감싸고 마지막 목적지이자 명물 닭꼬치 전통집인 '꼬지필'로 향했다. 2년이 넘는 오랜 전통이 있다고 한다. 이곳이 2년 넘게 성공을 계속하는 이유는 맛과 서비스에서 찾을 수 있다. 지방, 껍질, 어느 하나도 소홀히 하지 않는 철저한 고기 손질, 마요네즈와 겨자 소스를 상큼하게 처리한 오리지널 소스, 고기 깊숙이까지 밴 양념과 보드라움, 얼얼해진 내 혀로도 충분히 그 순수하고도 풍부한 맛을 느낄 수 있었다. 닭꼬치 기행의 마지막을 멋지게 장식할 만한 훌륭한 맛이었다. 서비스 면에서도 성심을 다하는 접객 태도, 닭꼬치를 꼬챙이가 아닌 종이 접시에 담아 주는 것-특히 이것은 먹을수록 점점 먹기 불편해지는 기존 닭꼬치의 약점

을 보완한 혁신적인 서비스– 등 굉장히 신선했다.

네 군데의 꼬치점을 둘러보고 오니 입안에 싱그러운 맛이 가득 차 개운해지는 것 같았다. 그 싱그러움은 내 마음에서 솟아났을까, 내 마음은 보람으로 가득 찼다. 정말 훌륭한 닭꼬치 기행이었다.

이 학생은 과장된 표현을 사용해 닭꼬치 기행을 매우 흥미롭게 묘사했다. 닭꼬치 골목으로 가는 여정도 간략히 설명하였고, 닭꼬치 가게를 차례로 들르면서 그 집 닭꼬치의 특징을 설명하고, 맛이 어떤지 자세히 소개하였다. 여정이 분명하고 들어간 닭꼬치점마다 그 특징을 자세히 설명하면서도 감상을 재미있게 표현해서 자칫 지루할 수 있는 내용을 흥미

롭게 만들고 있다. 이 글을 읽은 사람들이 창동역 닭꼬치 골목에 가고 싶
다는 반응을 보였을 정도로 이 글은 독자에게 흥미를 불러일으키기에 충
분하다. 이처럼 기행문은 여정, 견문, 감상 등이 균형을 이루어야 하며,
여행지에 대한 정보가 충실할 때 보다 더 흥미롭게 읽을 수 있다.

1. 다음 글을 읽고 글쓴이가 여정, 견문, 감상을 어떻게 구성했는지 이야기해 보자.

기행문 쓰기

　　오늘은 학교 숙제를 위해 도깨비 시장을 선정하여 기행문을 쓰려고 시장에 갔다. 가기 전 친구들과 함께 당구장에 가서 열심히 당구를 쳤다. 그날따라 나는 당구가 너무 잘 되어서 친구들이 '당신'이라고 불렀다. '당신'은 '당구의 신'을 줄인 말로 친구들 사이에 쓰였다. 그리고 친구들과 헤어져 버스를 타고 도깨비 시장으로 향했다. 버스 창문 밖으로 빨강, 노랑, 색동옷을 입은 단풍나무들이 보였다. 어느새 시장 앞에 내려 넓고 긴 뱀 모양의 시장으로 들어가게 되었다.

　　도깨비 시장은 옛날보다 세련되고 한층 고급스러워졌다고 말할 수 있다. 옛날에는 비만 오면 파라솔 같은 것을 폈고 좁은 길을 우산을 쓰며 다녔지만, 지금은 비가 와도 새지 않으며 폭도 더 넓어졌다. 시장 입구 옆에는 떡집이 자리를 지키고 있었다. 이 떡집은 시장에 단 하나밖에 없으며 맛이 아주 뛰어나다. 특히 팥떡은 팥과 떡이 어우러져 쫀득쫀득하면서 질기지도 않은 맛이었다.

　　떡집 옆에는 생선 집이 있었다. 생선 집의 생선은 매일 신선한 것들이 진열대 위에 떡 하니 누워 있으며 초롱초롱한 눈으로 손님들을 째려보고 있다. 갈치를 보면 한마디로 실버라는 말을 나오게 한다. 빛은 눈부시며 색깔이 곱다고 할 수 있을 것이다. 갈치는 피부가 곱고 잘 다루어야 은빛이 벗겨지지 않는다. 갈치를 다룰 때에는 첫날밤 색시를 다루듯이 살살 다루어야 한다고 웃으시며 말씀하시는 생선 집 주인의 얼굴을 지금도 잊을 수가 없다.

어느덧 시장 조사를 마치고 나니 출출하여 더는 걷지 못할 정도가 되었다. 시장 중심에 위치한 먹거리 집, 값싸고 배부른 순댓국 집을 찾아갔다. 어렸을 때 아빠 손을 잡고 목욕탕에 갔다가 순댓국 집에 들렀던 생각이 났다. 그때의 주인 아줌마께서 지금도 장사를 하고 계셨다. 아줌마께서는 어느덧 흰머리가 많아지셨다. 세월이 흘렀어도 그때 순댓국 맛과 비슷하였다. 아니, 더 맛있었던 것 같다. 순댓국을 먹을 때에는 잊어선 안 되는 것이 있다. 매운 고추를 썰어서 순댓국에 넣어 먹으며, 새우젓으로 간을 보고 깍두기에 젓가락 하나를 꽂아 먹는 센스가 있어야 한다. 이 집은 순댓국뿐만 아니라 깍두기가 무지 맛이 있다. 깍두기와 순댓국의 조화는 라면을 먹을 때의 신 김치와 비교해도 결코 뒤지지 않을 것이다. 순댓국을 먹고 집으로 돌아왔다.

시장은 옛날이나 지금이나 많은 사람들이 걸어 다니고 있었고, 인심이 많았으며 체질도 많이 개선되었다. 다른 친구들은 산이나 청계천 등 좋은 곳을 갔다. 하지만 난 가까우면서도 더 많은 것을 보았을 것이라고 생각하고 아주 만족스럽게 이 글을 쓰고 있다. 가을철이라 쌀쌀했지만 시장은 그렇지 않고 따뜻한 어머니 품과 같이 훈훈하고 따뜻한 정이 묻어 있었다.

2. 윗글을 본문의 「창동역의 닭꼬치 경쟁 지역을 다녀와서」와 비교해 보고 어떤 차이가 있는지 이야기해 보자.

3. 우리 동네 골목길이나 시장, 음식점을 정해서 다녀 본 뒤 기행문을 써 보자.

06

꼼꼼하게 혹은
삐딱하게

감상문 쓰기 —

작가의 의도를 충실히 파악하는 것도 중요하지만
자신의 입장에서 작품의 의미를 해석하고 평가하는 것이 중요하다.

감상문은 책이나 영화에 대한 감상을 적은 글이다. 따라서 감상문을 잘 쓰기 위해서는 먼저 책이나 영화를 잘 읽어야 한다. 그렇다면 책이나 영화를 잘 읽는다는 것은 무엇을 뜻하는가? 그것은 말이나 장면의 뜻을 잘 새기는 것이다. 겉으로 드러나는 뜻만이 아니라 겉으로 드러나지 않는 속뜻을 찾아내고 새길 줄 알아야 잘 읽는다고 말할 수 있다. 문자는 기호이기 때문에 그 뜻을 새기는 것이 당연하지만 영화의 경우에도 장면이나 이미지는 기호로서의 의미를 갖기 때문에 그 뜻을 새기는 것이 필

요하다. 따라서 무언가를 읽는다는 것은 결국 문자나 이미지와 같은 매체를 통해서 표현하고자 하는 필자의 마음이나 의도를 추론하는 행위라고 할 수 있다.

앞의 금연 광고에서는 '태워야 할 것은 담배가 아니라 미래를 준비하는 열정입니다.'라는 문구와 함께 연필이 타서 재가 되어 버린 이미지를 보여 주고 있다. 광고 문구를 보면 담배를 '태우는 것'과 열정을 '태우는 것'을 대응시켜 담배를 태울 때마다 지금은 미래를 위해 열정을 태울 때라는 생각을 하도록 했다. 이 광고에서는 광고 문구와 함께 연필이 타서 재가 되어 버린 이미지를 제시하였다. 재가 된 연필 이미지는 청소년들에게 담배를 태우는 동안 공부에 대한 열정 또한 타서 재가 되어 버릴 것이라는 암시를 준다.

이처럼 문자나 이미지는 읽는 이에게 여러 가지 메시지를 주고 있다. 따라서 그저 무심히 보기만 해서는 그 의미를 깊이 이해하기 어렵기 때문에 제시된 글이나 이미지가 어떤 의도로 선택된 것인지 행간의 의미를 적극적으로 읽는 것이 필요하다. 특히 이미지의 경우에는 실제 사실을 있는 그대로 보여 주는 것이라고 생각하기 쉽다. 그러나 이미지도 문자와 마찬가지로 만든 사람의 의도를 표현하는 수단이기 때문에 왜 하필 그 장면을 제시했는지 작자의 의도를 추론할 필요가 있다.

자동차에 치인 눈사람

최승호

자동차는 말썽이다. 왜 하필 눈사람을 치고 달아나는가. 아이는 운다. 눈사람은 죽은 게 아니고 몸이 쪼개졌을 뿐인데, 교통사고를 낸 뺑소니차를 원망하는 것이리라. 「눈사람은 죽지 않는단다. 꼬마야, 눈사람은 절대 죽지 않아.」 아이는 나를 빤히 쳐다본다. 「아저씨, 눈사람은 죽었어요. 죽지 않는다고 말하니까 이렇게 죽었잖아요.」

(『눈사람』, 세계사, 1996)

이 시는 눈사람을 치고 달아난 자동차에 대해 화자와 아이가 나눈 대화를 보여 준다. 화자가 아이를 위로하려고 하였으나 오히려 더 큰 상처를 주고 말았다. 이 시를 학생이 어떻게 읽었는지 감상문을 읽어 보자.

「자동차에 치인 눈사람」을 읽고

김예은(도봉고 2)

이 시의 배경이 겨울이고, 비록 사람이 아닌 눈사람을 치긴 했지만 어쨌든 사고를 내고 뺑소니를 친 사람이 등장함에 요즘 시대의 각박함과 차가움을 느꼈다. 하지만 이런 배경에 어린아이를 끼워 넣음으로써 따뜻함과 순수함도 느낄 수 있었다. 자동차가 눈사람을 치고 달아났다고 아이는 운다. 어른은 이렇게 말한다. "눈사람은 죽지 않는단다. 꼬마야, 눈사람은 절대 죽지 않아." 이 시대 어른들의 메마른 눈물과 정을 단박에 드러내 주는 한 구절이었다. 물론 생명이 없는 눈사람이지만 눈사람은 아이가 추위를 견뎌 내며 작은 손으로 이뤄 낸 하나의 산물이며 꿈이다. 하지만 어른들의 작은 실수 하나로 아이의 꿈은 조각이 나고 말았다. 하지만 또 한 명

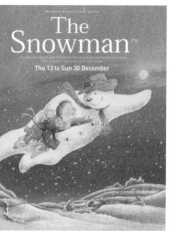

눈사람과 소년의 모험과 우정을 그린 애니메이션 〈스노우 맨〉(다이안 잭슨 감독, 1982년)의 포스터 (좌)와 스틸컷(우).

의 어른은 말한다. 눈사람은 죽지 않는다고.

눈사람은 그저 눈사람일 뿐이라는 것이다. 하지만 아이는 "아 저씨, 눈사람은 죽었어요. 죽지 않는다고 말하니까 이렇게 죽었잖 아요."라고 말한다. 아이는 눈사람에게 없는 생명을 느끼고 있고 어른들은 볼 수 없는 존재를 본 것이다. 눈사람의 존재를 부정하고 잊어버릴 때 눈사람은 정말 죽는 것이다. 꿈은 지워지고 희망도 사 라지는 것이다. 시대의 흐름을, 고통과 좌절, 실패에 찌든 어른들은 가질 수 없는 것을 아이는 보고 있는 것 같다. 희망의 존재를 부정 할 때 다가오고 기다리던 희망도 결국 꺼져 버린다는 메시지를 주 는, 짧고 뜨겁게 와 닿는 시였다. 꼬마의 마지막 말이 여운을 남기 는 따뜻한 시였다.

이 학생은 "자동차는 말썽이다. 왜 하필 눈사람을 치고 달아나는가. 아이는 운다." 이 부분을 읽으면서 "사고를 내고 뺑소니를 친 사람이 등장함에 요즘 시대의 각박함과 차가움을 느꼈다."라고 한다. 화자는 눈사람을 치고 지나가는 차를 '뺑소니'라고 표현했다. 자동차는 눈사람이기 때문에 그냥 치고 지나갔을 수도 있다. 법적으로 뺑소니라고 할 수는 없는 것이다. 그런데 화자는 이것을 '뺑소니'라고 말한다. 이는 그 사건을 '우는 아이'의 시선으로 바라보았기 때문이라고 할 수 있다.

화자는 아이를 위로하기 위해서 "눈사람은 죽지 않는단다. 꼬마야, 눈사람은 절대 죽지 않아."라고 말하지만 이 말은 오히려 아이를 더욱 절망의 나락으로 빠뜨리고 있다. 이 말 또한 어른의 시각에 사로잡혀 있는 말이기 때문이다. 어른이 보는 세상과 아이들이 보는 세상은 이처럼 완전히 다른 세상이다. 두 세계는 완전히 이질적인 세계로 나뉜다.

이 학생은 언뜻 보면 말장난 같은 표현을 꼼꼼히 읽어 나가면서 행간의 뜻을 새기고 있다. 그리고 이 작품에서 "희망의 존재를 부정할 때 다가오고 기다리던 희망도 결국 꺼져 버린다."라는 메시지를 읽어 낸다. 이 학생이 읽어 낸 메시지는 시인이 의도한 것일 수도 있지만, 어쩌면 시인이 미처 의도하지 않았던 것일 수도 있다. 중요한 것은 시인이 의도한 것인가 아닌가가 아니라 독자 자신이 어떤 의미를 찾아낼 것인가 하는 것이다. 독자가 글 속에서 다양한 의미를 찾아내기 위해서는 '왜 주인공은 그런 행동을 했을까?' 혹은 '왜 저자는 이런 표현을 했을까?'라는 의문을 갖고 꼼꼼하게 읽을 필요가 있다. 감상문은 결국 글을 읽으면서 독자가 제기한 의문에 대해 스스로 찾은 대답이라고 할 수 있다.

『홍길동전- 춤추는 소매 바람을 따라 휘날리니』를 읽고

김혜수(장위중 1)

『홍길동전- 춤추는 소매 바람을 따라 휘날리니』를 읽었다. '홍길동'에 대해서는 의로운 도적이라는 것밖에는 아는 것이 없던 내가 이 책을 읽고 홍길동이란 인물에 대해 의로운 도적이라는 것뿐만 아니라 홍길동이 살았던 시대의 부조리나 느꼈던 갈등 등에 대해 새로이 알게 되었다. 이 이야기의 줄거리는 천비의 몸에서 태어난 홍길동이란 인물이 신분 차별을 분히 여겨 백성을 도와주는 의로운 도적이 되었다가, 자신이 원하는 신분 차별이 없는 '율도국'이란 나라를 세운다는 내용이었다.

주인공 길동은 많은 갈등을 느끼게 된다. 그러나 그 갈등들은 결국 자신이 원하는 율도국이란 나라를 세우는 데 디딤돌이 된다. 그의 갈등은 먼저 가정 안에서 가족의 한 구성원으로서 대우받지 못한다는 것이었다. 즉, 그의 어머니가 단지 '종'이란 신분을 가졌기 때문에 자신도 종이 되어 차별받는다는 것이다. 그래서 그는 호

부호형하지 못하고 여기서 심한 갈등을 느낀다. 둘째, 그는 뛰어난 실력의 소유자임에도 불구하고 문인으로서도 무인으로서도 벼슬길에 오를 수 없음에 갈등을 느꼈다.

먼저 '홍길동전'에 나오는 여러 가지 문제점들을 분석해 보았다. 그중에는 홍길동 자신이 알고 있었던 것도 있었고 또 미처 깨닫지 못한 문제점도 있었다. 조선 시대를 배경으로 한 소설이기 때문에 조선 시대의 문제점일 것이다. 난 이것을 세 가지로 나누어 보았다.

첫째, 노비는 마치 하나의 평등한 인간이 아닌 물건처럼 동물처럼 다뤄지고 있었다. 그 문제점은 홍길동의 어머니 '춘섬'에게서 발견할 수 있다. 홍길동의 출생은 순전히 대감의 뜻으로 된 것이며, 그의 종 춘섬의 의사와는 매우 무관한 것이었다. 노비는 자신의 의지를 나타내 보이지도 못한 채 주인의 원대로 행동해야만 했고, 그것은 매우 잘못된 일이라고 생각한다. 왜냐하면 노비도 하나의 사람이고 모든 사람은 평등하기에 어느 한쪽이 어느 한쪽을 동물처럼 함부로 다룰 수는 없기 때문이다. 만약 길동의 아버지 홍 대감의 강제적인 임신이 아니었더라면, 길동이란 인물은 어쩌면 정상적인 가정에서 평등한 신분으로, 자신의 특별한 재주를 마음껏 발휘하면서 살았을 것이다. 적어도 자신의 집에서 나오는 일은 벌어지지 않았을 것이다.

둘째, 이 소설 속에서는 일부다처제가 많이 등장한다. 길동의 아버지, 길동과 심지어 길동이 만난 요괴까지도 모두 부인이 많았다. 길동과 그의 어머니는 '초낭'이라는 대감의 또 다른 첩의 시샘 때문에 생명의 위협까지 받았다. 또한 길동이 요괴에게 잡혀 있던 사람들을 구해 주었을 때 그중 한 여인의 아버지는 오히려 길동에게 자신의 딸을 첩으로 주길 바랐다. 이 문제의 바탕엔 유교를 중시한 조선 시대의 남존여비 사상이 깊숙이 깔려 있다. 남녀의 차이는 있지만 차별은 있어선 안 된다고 생각한다.

셋째, 대부분의 서민들은 풍족한 삶을 살 수 없었다. 서민들이 애써 농사지은 곡식들은 탐욕스런 관리들의 손으로 들어가 곡식 창고를 가득 채웠고 서민들은 굶주릴 수밖에 없었다. 심지어는 죄 없는 사람들이 감옥에 갇히기도 했다. 홍길동조차도 이 문제를 완전히 해결했다고는 생각지 않는다. 그가 아무리 '활빈당'을 세워 가난한 백성을 구제했다 해도 그것은 일부였을 뿐, 결코 조선 땅에서 그 문제를 완전히 해결하지는 못했다.

이러한 사회 부조리 속에서 그는 그가 세우게 될 율도국을 꿈꾸었으리라. 율도국은 신분제도가 없어 능력대로 관리를 등용하고 신분 차별이 없는 곳이었다. 모두가 만족할 수 있을 만큼 풍요로워 관리들은 부정행위를 저지르지 않고, 근심도 도적도 없는 사회. 이것이 길동이 꿈꾸었고 또 세웠던 나라이다.

'홍길동전'이 주는 표면적인 의미는 아마도 신분 차별을 하지 말자는 것일 것이다. 그러나 근본적인 의미는 사회 부조리는 결코 방치되어선 안 되며, 그것은 반드시 고쳐지고 없어져야 된다는 것이라고 생각한다. 비록 그 없애고자 하는 이가 한 개인일지라도 그는 자신이 가진 능력을 최대한 사용하여 없애야 한다는 의미라고 생각한다.

이 학생의 감상문은 크게 두 가지로 구성되어 있다. 앞부분은 줄거리 요약과 함께 길동이 느꼈던 갈등 두 가지를 소개하고 있고 뒷부분에서는 홍길동전을 읽고 느꼈던 필자의 감상을 본격적으로 제시하였다. 이 학생은 작품의 내용을 충실히 파악하는 것만으로는 충분치 않다고 느꼈기 때문에 뒷부분에서 자신이 느꼈던 감상 내용을 자세히 소개한 것이다.

홍길동의 시대는 노비를 인간으로 인정해 주지 않았으며 일부다처제가 많이 등장하였고, 서민들의 삶이 힘들었던 부조리한 사회였다. 따라서 홍길동은 이러한 사회적 부조리가 없는 이상 사회로서 율도국을 건설한 것이다. 이 학생이 책에서 읽어 낸 의미는 "사회 부조리는 결코 방치되어선 안 되며, 그것은 반드시 고쳐지고 없어져야 된다."라는 것이다.

홍길동전의 표면적인 주제는 신분 차별을 해서는 안 된다는 것이지만 필자 자신이 느낀 것은 사회 부조리는 방치되어서는 안 된다는 것이었다. 필자가 느끼는 사회 부조리의 핵심은 조선 사회가 남녀 차별이 심한 사회라는 것이었다. 남녀 차별의 문제는 길동의 이야기에서는 중요하게 다뤄지는 주제가 아니었다. 그럼에도 불구하고 이 학생은 홍길동전에서 남녀 차별의 문제를 읽어 내고 이것을 사회 부조리의 핵심적인 요소로 제시하였다.

홍길동전은 당대 조선 사회가 지닌 신분제도의 모순과 관리들의 부패를 고발했다는 점에서 상당히 진보적인 소설이라고 할 수 있다. 그러나 이 소설에서는 필자가 지적한 남녀 차별의 문제까지 진지하게 다루지는 못했다. 그런 점에서 보면 필자는 이 소설이 안고 있는 한계를 날카롭게 지적한 것이라고 할 수 있다. 물론 이것은 필자가 여학생이었기 때문에 좀 더 민감하게 느꼈던 부분일 수도 있다. 어쨌거나 작가의 의도를 파악하는 데서 나아가 작품의 내용을 자신만의 시각에서 해석하고 평가하고자 했다는 점에서 의미가 있다.

〈쉰들러 리스트〉를 보고

이인행(성내중 2년)

아카데미상을 휩쓴 유명한 영화 '쉰들러 리스트', 사람들은 모두 훌륭한 영화라고 입을 모아 칭찬하지만 나만은 그 영화를 좀 비판하겠다.

첫째, 영화에서는 쉰들러를 포함한 모든 독일인을 방탕하고 나쁜 악인으로 표현했다. 쉰들러를 방탕하게 표현했다니 웬 말인가 하는 사람도 있겠지만 영화상에서 그의 방탕한 면을 필요 이상 보여 주며 관중들이 거기에 거부감을 느끼지 못하도록 코믹적인 요소를 섞어 놓았다. 또 영화를 보면 알 수 있듯이 호색하고 방탕한 쉰들러가 꼭 영리한 유대인 부하의 충고 때문에 방탕한 생활을 청산하고 유대인을 돕는 것처럼 나온다. 이것은 방탕한 쉰들러가 유대인 부하 때문에 착해진다고 말하려는 것으로 보인다.

둘째, 이 작품을 만든 스티븐 스필버그는 영화계의 1인자로 불리며 그가 히트시킨 영화는 'E.T.', '인디아나 존스', '쥬라기 공원', '후크' 등 셀 수 없을 만큼 많다. 그는 카메라 기교로 많은 사람을 흥분, 긴장시키는 천재로 많은 영화를 흥행시켰다. 그러나 그는 이 '쉰들러 리스트'에서는 결코 카메라 기교를 사용하지 않겠다고 했다. 그 이유는 "자신도 유대인인 만큼 이 영화는 역사적 사실을 배경으로 진실만을 보여 줘야 한다."라는 것이었다. 그는 덧붙여 말했다. "이 영화를 쥬라기 공원 3개와도 맞바꾸지 않겠다."라고. 그러나 그는 '쉰들러 리스트'에도 카메라 기교를 사용했다. 그는 카

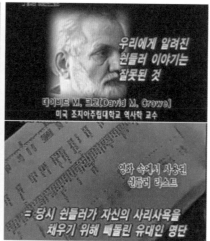

영화 〈쉰들러 리스트〉(스티븐 스필버그 감독, 1994년)의 포스터(좌)와 TV 프로그램 〈서프라이즈〉에 나온 쉰들러 관련 영상(우).

메라 기교를 사용하여 사람들에게 독일인은 더 악랄한 사람이란 것과 유대인은 불쌍하다는 인식을 심어 놓았다. 그 예는 많다. 독일인들의 무분별하고 방탕한 생활과 살해 장면을 필요 이상 보여 주고 영화가 흑백임을 이용해 더 잔인하게 표현했다. 독일인이 유대인 머리를 총으로 쏘았는데 머리에서 흐르는 검붉은 피가 눈에 스며들며 번지는 장면 등이 그 예를 잘 말해 주고 있다.

마지막으로 더 큰 문제는 사실만을 보여 주겠다고 한 그가 상상으로 쓴 부분이 있다는 것이다. 쉰들러 리스트에 뽑힌 유대인들이 기차를 타고 쉰들러의 고향 체코로 가야 하는데 착오로 인해 유대인 가스실로 유명한 아우슈비츠로 간다. 그 사실을 알게 된 쉰들러가 그곳에 있는 사람들에게 말해 유대인들은 죽지 않고 다시 오는

데, 그 과정 중에 유대인을 가스실에서 죽이기 전 작업인 머리카락을 짧게 깎는 것을 쉰들러의 유대인들에게도 시키고 밀폐된 공간에 그들을 집어넣는 이야기가 나온다. 그때 갑자기 불이 꺼지며 그들은 죽음을 각오하지만 가스 대신 물이 나온다. 바로 이 장면! 샤워를 하는데 왜 머리를 짧게 깎고 불을 꺼서 꼭 가스실처럼 분위기를 만들고 관중들을 긴장시킨 뒤 감동을 유발해 내는 것일까? 이 장면이 상상으로 만들어지고 카메라 기교를 쓴 것이 아니라면 대체 무엇이란 말인가.

또 영화를 보면 유대인에 대한 동정심 유발 같은 것이 진하게 풍긴다. 왜 그랬을까? 혹시 팔레스타인과의 문제 때문에 그들에게 집중되는 시선을 과거의 잘못을 저지른 독일에게 돌리려는 것은 아닐까?

이 학생은 〈쉰들러 리스트〉에 대해서 비판적인 입장에서 감상문을 썼다. 〈쉰들러 리스트〉는 역사적 사실을 배경으로 한 것이라고 해도 이 작품을 만든 감독의 의도가 다분히 반영되어 있는 것이다. 나치의 만행을 고발하고 유대인들의 비극을 되새기는 것은 이런 역사적 비극을 다시 반복하지 않기 위한 것이다. 그런데 참으로 역설적인 것은 세계 곳곳에서 나치의 폭력성을 고발하는 영화가 상영되는 중에도 이스라엘에 의한 팔레스타인 사람들의 학살은 계속되고 있다는 점이다. 필자는 이 영화가 유대인들의 폭력성을 정당화하기 위한 것은 아닌지 의문을 제기하고 있다.

영화에 대한 평가는 영화 자체로 이루어져야 한다. 그러나 책이나 영화는 그것이 읽히는 사회적 맥락에 따라 그 의미가 달라지기도 한다. 〈쉰들러 리스트〉라는 영화에 대한 평가는 영화 자체로 이루어질 필요가 있지만 이 영화의 제작과 유통에 작용하는 사회적 맥락 또한 작품의 해석과 평가에 반영될 수 있다. 유독 유대인의 박해와 비극을 다룬 영화들이 많이 생산되는 것과 이러한 영화의 제작에 유대인들이 많은 자금을 지원하는 것, 그리고 끝없이 반복되는 팔레스타인의 비극은 이 영화를 전혀 다른 관점에서 해석하고 평가할 수 있도록 하고 있다.

이처럼 작품을 읽을 때는 작가의 의도를 파악하는 데서 끝나는 것이 아니라 그 작품이 생산 수용되는 사회적 맥락을 살펴 비판적으로 이해할 필요가 있다. 특히 지식 정보화 사회가 되면서 인터넷에는 다양한 정보들이 넘쳐난다. 다양한 글이나 영상 매체가 제공하는 정보는 신뢰성을 확인하기 어려운 경우도 많다. 정보의 가치와 신뢰성을 확인하고 그것이 생산, 유통되는 맥락을 살핀 뒤 관련된 다른 정보와 비교해 보는 등 비판적으로 수용할 필요가 있다.

1. 다음 두 글을 읽고 필자가 작품을 어떻게 이해하고 있는지 비교해 보자.

『삼대』를 읽고

염상섭의 『삼대』. 많이 들어 보기는 했지만 쉽게 다가가서 읽어 보지는 못했던 작품인 것 같다. 처음에 이 책을 읽어야 해서 친구한테 빌렸을 땐 정말로 포기 상태였다. 집에다가 며칠 동안 보관만 해 놓은 상태로 거들떠보지도 않았다. 너무 두꺼워서 읽을 엄두가 나지 않았다. 그래도 어차피 독후감을 써야 하니깐 읽어 보자 하고선 읽었는데 생각보다 너무 어려웠다. 솔직히 말하자면 지금도 내용 정리가 되지 않은 상태에서 쓰고 있는 것이라서 책을 하나하나 살펴보면서 써야 될 정도이다.

이 소설에 나오는 중심인물들은 각기 다른 문제점을 지니고 있는 것 같다. 먼저 할아버지인 '조의관'은 너무 탐욕스러운 것 같다. 아들 낳기를 바라고 며느리보다 더 젊은 20대의 후처를 거느리는가 하면, 자기의 이익과 집안의 위신만 최고로 알고 그것에만 전념하고 매달리는 것 같다. 을사조약 이후에는 큰돈으로 의관 벼슬을 사들이는데 그건 정말 바보 같은 짓이라고 생각한다. 또 기독교라고 해서 제사도 지내지 않을 것 같다며 아들인 상훈을 멀리 경계하는 것은 옳지 않은 일이라고 생각한다.

아들인 '상훈'은 기독교와 신 문물을 수용하는 것으로 보아서는 괜찮다고 생각하는데 이중생활을 하면서 많은 재산을 탕진하는 면에서는 썩 좋아 보이지 않는다. 미국에 갔다 와서 교회 장로이면서도 술집에 드나들고 여자와 불륜 관계를 맺는 것은 기독교인의 입장에서 보면 아무리 소설이어도 조금은 부끄러운 행동인 것 같다.

손자인 '덕기'는 착하지만 어떻게 보면 바보 같고 답답해 보인다. 조의관과 상훈 밑에서 재산을 지키려 하는데 뭔가 적극적이지 못해 보이고 '이거 하자 그러면 그래, 저거 하자 그래도 그래' 이러는 타입같이 느껴진다. 그러나 조의관이나 상훈과는 상관없이, 가난한 집의 딸에게 사랑이라는 감정을 느끼게 된다는 면에서 세상이 아무리 각박하다 하더라도 조금의 희망의 빛은 보인다는 생각이 들게 해 준다.

이 작품 속에서 조의관의 죽음으로 인해 재산 상속 문제로 일어나는 갈등은 당시에도 재산이 사람들에게 미치는 심각성을 알려 주는 것 같았고, 요즘 시대에도 재산이 제일이라는 우리 사회의 심각성을 알게 해 주고 한 번쯤은 이런 사회를 비판적으로 볼 수 있게 해 주는 작품인 것 같았다.

『삼대』 비평

이 소설은 1930년대의 장편 가족사 소설로 1대 조의관, 2대 조상훈, 3대 조덕기 사이의 갈등을 다루었다. 500쪽에 육박할 정도로 정말 길었다. 2권으로 나누던지 하지, 해리포터는 1권짜리 잘도 나누면서.

삼대 간의 갈등과 조의관의 죽음을 둘러싼 갈등의 큰 사건이 축을 이루고 있지만 드라마 연장할 때처럼 쓸데없는 에피소드가 많아서 지루한 느낌도 있다.

　집안의 당주인 조의관은 신분제도가 무너진 30년대에도 족보를 만드는 데 당시 돈으로 몇천 원을 쓰고 재산을 지키는 데 혈안인 전형적인 조선 시대 인물이며, 수원댁이라는 첩을 두어 4살짜리 딸도 있었다.

　그의 아들 상훈은 미국 유학을 다녀온 뒤 기독교 신자로 학교까지 세우고 많은 돈을 투자해 학생들을 가르치지만, 그 제자와 눈이 맞아 만든 아이를 제자와 같이 내치고 난봉꾼으로 홍등가에 들락거리는 이중적 인물이다.

　조의관은 기독교 신자인 상훈이 못마땅해서 아들은 없다 치고 손자에게 재산을 상속하려고 하며, 상훈은 상훈대로 고지식한 조의관을 못마땅해 하며 어떻게 하면 돈을 빼돌릴 수 있을까 혈안이다.

　그 사이에서 중도적 입장을 취하고 있는 손자 덕기는 일본 유학생으로, 사회주의자인 병화와 어울리며 사회주의에 어느 정도 공감을 갖고 있으나 우유부단하다.

　조의관이 위독해지자 수원댁과 수원댁을 조의관에게 소개했던 허참봉은 조의관의 유서를 위조해 재산을 가로채려고 하지만 계획이 들통나 수포로 돌아간다. 또 상훈은 경찰로 위장해 금고에 들어 있는 땅문서 등을 빼돌리려고 했으나 잡혔고, 훈방 조치로 풀려났다. 그 많은 재산을 홀로 떠안은 덕기는 앞으로 어떻게 될 것인가 허망해 하며 끝난다.

　구시대의 조의관, 개화기의 조상훈은 가치관은 다르지만 돈이

라는 공통된 욕망을 추구하고 있다. 이는 돈이면 다 된다는 자본
주의를 비판하고 있다. 또 조의관과 조상훈의 여색과 비극적 결말
같이 부정적인 모습을 폭로함으로써 구시대와 개화사상 둘 중 하
나만을 추구하려는 흑백논리는 잘못되었음을 보여 준다.

　조덕기가 우유부단해서 『토지』의 서희처럼 조가를 잘 이끌어
가면서 독립운동을 지원한다든지, 일본 유학까지 다녀온 지식인
으로서 민중을 계몽하는 데 힘쓸지는 모르겠지만, 작가가 덕기만
무혐의로 풀려나는 결말로 그리고 있는 것으로 보아 나도 덕기가
후에 확실히 좋은 일을 했으리라 믿는다.

07

네 마음을
내 마음과 같이

설득하는 글쓰기 ―

상대방이 납득하고 공감했을 때
비로소 설득되었다고 할 수 있다.

초등학교에서 주로 많이 하는 글쓰기 중의 하나가 주장하는 글쓰기이다. 주장하는 글쓰기는 자신의 주장을 타당한 근거와 함께 제시하는 것이다. 중등학교에서는 논술문 쓰기를 강조하기도 하는데, 좀 더 학술적이거나 사회적인 주제에 대해 자신의 주장을 펼친다는 점에서 차이가 있을 뿐 주장하는 글쓰기와 크게 다르지 않다. 그러나 주장하는 글이나 논술문 모두 상대방을 설득하는 데 그 목적이 있기 때문에 크게는 설득하는 글쓰기의 유형에 포함된다고 할 수 있다. 상대방을 설득하기 위해서는 이성에 호소하는 전략과 감성에 호소하는 전략을 함께 사용해야 한다. 그런데 주장하는 글쓰기나 논술문 쓰기에서는 필자의 주장을 타당한 근거를 갖춰서 논리적으로 제시하는 데 초점을 두고 있어서 상대방을 설득하는 감성적 전략까지 다루지는 못하고 있다.

물론 상대방을 설득하기 위해서는 먼저 이성적으로 납득이 되도록 해야 한다. 이치에 맞고 타당하다고 생각하면 사람들이 그 주장을 받아들일 가능성이 높기 때문이다. 이를 위해서는 타당한 근거를 제시하는 것이 무엇보다 중요하다. 그런데 학생들의 글을 보면 주장은 강하게 표현하고 있지만 그 주장을 뒷받침하는 근거를 타당하게 제시하지 못하는 경우가 많다. 심지어 어떤 글은 근거는 제대로 제시하지 않고 주장만을 반복하고 있기도 하다. 주장하는 글쓰기라고 해서 주장만 분명하게 제시하면 되는 것이 아니라 자신의 주장이 옳은 주장임을 입증해야 한다. 예를 들어 부모님께 용돈을 올려 달라는 주장을 할 경우에도 "어머니, 용돈이 부족하니까 좀 올려 주세요."라고만 하면 부모님 입장에서는 용돈 인상의 필요성을 공감하기가 어렵다. 오히려 "왜 만날 용돈 올려 달라고 야단이냐?"라는 반응이 나올 것이다. 그러나 버스비가 올랐다든지, 새로운 지출 항목이 생겼다든지, 지금까지의 용돈만으로는 부족한 이유나 근거를 함께 제시해서 주장을 한다면 부모님도 어느 정도 납득을 할 수 있을 것이다.

그러나 사람은 감성적인 존재라서 타당한 근거만을 제시한다고 해서 반드시 설득되지는 않는다. 용돈을 인상해 달라는 주장을 하면서 객관적인 논거와 함께 "어머니, 집안일에 돈이 많이 들어가서 늘 걱정이 많으시죠? 그런데 용돈을 올려 달라고 해서 죄송해요."라는 식으로 말하거나 "어머니, 힘든데도 불구하고 저희들을 챙겨 주셔서 늘 감사해요."와 같은 표현을 사용해서 상대방의 마음을 부드럽게 한 다음에 용돈 인상의 필요성을 주장한다면 어머니도 기분 좋게 인상안에 동의하게 될 가능성이 높다. 자식이 엄마의 마음을 이해하고 배려해 준다는 생각에 고마운 마음이 들기 때문이다. 이처럼 상대방을 설득하기 위해서는 타당한 근거를 제시하는 이성적 설득 전략과 감성적 설득 전략을 함께 사용하는 것이 효과적이다.

우리의 친구, 비속어

이순혁 (도봉고 1)

"아 씨팔, 저 새끼 좆나 재수 없지 않냐? 너무 나대……."

이런 신성한 글에 비속어를 써서 유감스럽지만 현재 대부분의 청소년들이 친구처럼 사용하는 말의 아주 일부분일 뿐이다. 심지어 주변에 어른들이 계시는데도 아무 생각 없이 비속어를 사용하는 것이 현실이다. 어른들은 이런 우리를 어떻게 보실까? 아마 학교에서 욕만 배우는 줄 알 것이다. 나도 3학년 때 친구와 대화를 하다가 나도 모르게 욕이 불쑥 튀어나왔는데 마침 앞에 계신 어떤 아줌마가 들으시고는 "무슨 학생이 욕을 저리 심하게(?) 한담?" 하면서 지나가셨던 일이 있었다. 그땐 정말 쥐구멍에라도 들어가고 싶었다.

요즈음 청소년들의 언어는 '욕 아니면 말을 않겠다.'인 듯 말 한 마디 할 때마다 욕 안 들어간 말이 없을 정도다. 물론 예외도 있겠지만 대부분의 청소년들이 그렇다는 것이다. 하지만 단순히 욕을 하고 안 하는 것이 문제가 아니다. 지금의 부모님 세대 때도 비속어는 존재했기 때문이다. 문제는 현재 초등학생들까지 욕을 아무 생각 없이 사용할 정도로 심해졌다는 것이다.

얼마 전 지나가는 초등학생들의 대화를 듣게 되었는데 고등학생 못지않게(?) 욕이 섞인 대화를 듣고는 충격을 감추지 못했던 일이 있었다. '어떻게 저런 순수한 얼굴을 가진 초등학생들이 저렇게 심한 욕을 서슴지 않고 할 수 있었을까?' 하는 생각을 하며 갑자기 내가 죄책감이 느껴졌던 이유는 무엇이었을까? 초등학생들은 단지 자신의 형, 누나들이 하는 말을 듣고 배워 따라 하는 것뿐이다. 따지고 보면 모든 잘못은 우리에게 있다는 결과가 나온다. 이렇게 가다가는 갓 말을 배우는 아기가 욕부터 배울지도 모른다는 생각에 가슴이 조마조마하다. 어떻게 하면 이렇게 암울한 현실을 헤쳐 나갈 수 있을까?

가장 중요한 것은 우리들의 말하는 자세이다. 어떤 아버지와 아들이 있는데 그 아버지가 아들에게 좋지 않은 말투, 좋지 않은 행동을 보여 주면 그 아들도 똑같이 배워 그다음 세대까지 계속 그 말투와 행동이 물결처럼 퍼지듯이, 우리가 계속 비속어를 쓰게 되면 후배들도 똑같이 배워 사용하게 될 것이고 비속어의 끝은 영원히 오지 않을 수도 있다. 나도 중1 때까지는 욕이 뭔지도 모르는 순수한 학생이었다. 그러나 어느 순간부터 형, 누나들의 욕이 섞인 대화를 매일 듣게 되다 보니 나도 어느 순간부터 입에서 비속어가 나오기 시작했다. 이렇듯 어느 한 세대가 비속어를 자제한다면 비속어의 일취월장한 발전이 누그러들 수 있을 것이다. 그 세대가 언제 나타날지는 모르겠지만 바로 우리 세대였으면 한다. 우리가 먼저 말한 마디 한 마디 할 때 한 번 더 생각하고 말을 한다면 다음 세대들이 우리에게 욕을 배워 갔듯이 우리들의 정화된 말을 배워 가게 될 것이고, 또 그다음 세대, 그다음 세대 계속 이어 나갈 것이다.

비속어의 사용은 우리들의 정신세계를 스스로 망쳐 나가는 지름길이라고 생각한다. 비속어를 사용하는 사람은 사용하지 않는 사람보다 정신은 물론 그 사람의 말, 행동도 확연히 다른 것이 사실이다. 그깟 비속어 때문에 우리의 정신을 계속 방치해 둘 수는 없다. 지금이라도 늦지 않았다. 우리들이 먼저 나서서 비속어의 사용을 자제해 나간다면 어느 순간부터 비속어라는 존재는 영원히 사라지는 세상이 올 것이다.

이 글은 청소년들의 비속어 사용 실태를 고발하면서 시작하고 있다. 요즘 청소년들이 실제로 사용할 법한 비속어를 직접 인용했기 때문에 독자들은 글쓴이의 문제의식에 충분히 공감할 수 있다. 감성적 설득 전략을 사용하여 시작한 것은 좋았는데 그다음에 이어지는 근거들이 충분히 설득력을 가지지 못해 아쉽다. 특히 초등학생이 비속어를 사용하는 이유를 "단지 자신의 형, 누나들이 하는 말을 듣고 배워 따라 하는 것뿐이다."라고만 단정하기는 어렵다. 비속어 문제를 이렇게 판단한 근거는 자신의 경험 때문이다. 필자 자신이 형, 누나들이 쓰는 말을 듣고 비속어를 쓰기 시작했기 때문에 초등학생들도 대체로 그럴 것이라고 단정하고 있는데, 이는 성급한 일반화의 오류라고 할 수 있다.

초등학생들이 비속어를 사용하는 이유는 형, 누나들에게 배운 것일 수도 있지만 영화나 만화, 드라마와 같은 대중매체나 인터넷 채팅, 게임 등을 통해서 배웠을 수도 있다. 우리 사회가 정보화 사회로 접어들면서 초등학생들 역시 다양한 정보에 노출되어 있으며, 이러한 정보 가운데에는 비속어와 같은 좋지 않은 정보들도 많다. 학생들의 비속어 사용 정도가 심하다는 것은 그만큼 학생들이 나쁜 정보에 노출될 가능성이 이전 시대보다 높아졌기 때문이라고 할 수 있다. 또한 비속어 사용은 또래 집단의 특성에서 비롯되는 것일 수도 있다. 비속어를 사용해야 또래 집단의 소속감을 확인할 수 있다는 점이 비속어 사용을 부추길 뿐만 아니라, 비속어 사용에 따른 죄책감을 없애 준다.

따라서 이런 다양한 가능성을 검토하지 않은 채 형, 누나들에게 배운 것이라고 단정 짓는 것은 성급한 판단이 아닐 수 없다. 이 문제의 해결 방안으로 우리 세대부터 비속어를 사용하지 않으면 이 연결 고리가 끊어질 것이라고 주장하는 것도 설득력을 얻기 힘든 단순한 발상이다. 비속어의 확산은 사회적인 문제인데, 이를 개인적인 문제로 환원시켜서는 해결이 쉽지 않다. 필자가 제안하는 해결 방안 역시 지극히 개인적, 도덕적인 것이어서 현실성이 떨어진다고 할 수 있다.

『간디의 물레』를 읽고

명진우(도봉고 1)

최근 국어 시간에 '간디의 물레'라는 글을 읽었다. 이전에도 간디에 대해서 약간이나마 알고는 있었지만 모두 단편적인 상식들이라서 간디의 사상에 대해 알기 쉽게 풀어 놓은 이 글을 상당히 흥미로이 읽을 수 있었다. '위대한 영혼', '대성자'라고 불리는 간디. 그의 사상은 확실히 매우 고결하고 인상적이었다. 그러나 이미 나는 '거 참, 현실적으로 변한 것인지' 나의 마음속에는 왠지 부분부분 거부감이 밀려오는 것 같았다. 특히 가장 동의할 수 없었던 부분은 바로 비폭력주의 사상이다.

간디는 유럽인들의 수탈과 착취 구조를 영혼의 사랑과 의지로 물리칠 수 있다고 믿었고, 결과적으로는 인도의 독립을 이끌어 냈

다. 물론 성공이란 결과가 나타났으나 과연 순수한 간디의 사상과 운동에 의해 그 결과가 이끌어 내진 것일까? 물론 부분적으로 영향을 미쳤을 수는 있어도 미미한 데 그쳤을 거라고 생각한다. 그때는 유럽에 각종 전쟁이 일어나서 식민지에 대한 관리가 허술해질 수밖에 없었고, 세계 여론과 분위기 속에서 인도의 독립이 이뤄지기에 아주 좋은 환경이었다. 또한 영국이 인도의 향신료 및 각종 생산품을 독점하는 것을 보기 껄끄러워했던 유럽 강대국들의 압력도 작용했을 것이다. 즉, 독립 과정에서 간디가 지도자로서 아주 '이상적이며 고결한' 사상 및 운동을 진행했던 것은 역사서에 넣기에도 보기에도 아주 멋진 일이었던 것이다. 그의 사상에 의해 인도의 독립이 이뤄진 것으로 보이는 것이다. 그러나 뜻과 의지만으로는 무력에 대항할 수 없는 것이 현실이다. 세계적으로 볼 때 사실상 자체적인 독립운동의 힘으로만 강대국의 지배에서 벗어난 사례는 거의 없다. 우리나라의 경우 3.1 운동에도 불구하고, 이후 결국 일본의 민족 분열 통치에 의해 일본화가 가속, 결국 33인의 독립운동가 대부분이 친일파로 변모한 것에서만 보더라도 단순히 뜻과 의지에만 기초하는 비폭력 운동만으로는 부족하다는 것을 알 수 있다. 현실적으로 선이 악을 이기기 힘들듯이 힘없는 정의는 무력에 무너져 내리기 십상이다. 즉, 간디의 사상은 어쩌면 그 '폼'과 '운'에 의해 유명해졌을지도 모르는 것이다.

하지만 나는 힘과 무력이 전부라고 보는 것은 아니다. 힘만 지닌 채 사상과 문화를 도외시하여 흔적 없이 사라져 간 예들은 역사에 숱하게 많다. 결국 한족의 문화에 동화된 몽고족, 로마를 쳐부수고도 로마 문화에 흡수된 게르만족 등. 즉, 무력과 정신 두 가지 중 어느 쪽으로도 치우쳐선 곤란하다는 것이다. 간디의 사상은 너무나도 이상적이며 정신 쪽으로 치우친 것이 문제인 것이다.

이 문제점을 해결할 수 있는 것은 중용을 지키는 것이다. 정치적, 사상적, 철학적, 근본적으로 봐서도 항상 한쪽으로 치우칠 경우 그 반대로 반발력이 생기기 마련이다. 스위스 같은 경우에는 평화라는 정신적 가치를 추구하면서도 그것을 지킬 수 있는 강력한 군사력을 보유하여 유럽의 수많은 강대국 사이에서 중립을 이어 갈 수 있었다. 이는 정신과 무력이 따로 분리되지 않고 잘 조화되었을 때 그 두 마리 토끼를 모두 잡을 수 있다는 사실을 잘 보여 준다.

여기까지 나의 생각을 풀어 썼다. 그러나 현대 세계는 점차 투쟁의 시대에서 공존의 시대로 흐르고 있다. 아주 무시할 수는 없지만 점점 무력의 중요성이 떨어져 가는 한편, 점점 간디 사상의 '인간성'이 중요하게 적용될 수 있을 것이다. 하지만 아직 인간 사회는 불완전하기 때문에 군사력 최강의 미국이 세계를 좌지우지하고, 핵이 있는 나라들이 확실한 자주국을 이루는 등 무력이 상당히 중요히 삭용하고 있다. 엉뚱떨어진 결론일지 몰라도 앞으로 우리들의 노력으로 문화력과 군사력을 동시에 발전시킬 수 있다면, 그것이야말로 세계 속의 선진 한국을 이루는 길이라고 생각한다.

이 학생은 간디의 비폭력주의 사상에 대해 상당히 비판적인 태도를 보이고 있다. 간디 사상의 무게나 우리가 갖고 있는 도덕적 관념에 비추어 볼 때 비폭력주의를 비판하는 것이 쉽지는 않다. 그럼에도 간디의 비폭력 투쟁 때문에 인도가 독립된 것이 아니라 당시 유럽의 정세 때문이라는 근거를 제시하였으며, 우리나라의 3.1운동도 비폭력 투쟁을 실천했지만 결국 실패했다는 것을 들어서 차분히 반박하고 있다. 유럽 정세에 대한 설명이 간략하고 구체적인 자료에 의해 뒷받침되지 못했다는 아쉬움이 있지만 분량의 제약을 고려한다면 크게 문제가 되는 것은 아니다.

간디의 비폭력주의를 비판한다고 해서 글쓴이가 폭력을 신봉하고 있는 것은 아니다. 무력보다는 문화력의 승리를 보여 주는 사례를 제시함으로써 무력이 전부는 아니라는 주장을 펼치는 한편, 이를 바탕으로 무력과 정신 어느 한쪽으로 치우친 것이 문제라는 결론을 도출해 내고 있다. 정신과 무력의 조화가 중요하다는 주장을 뒷받침하기 위해서 글쓴이는 또다시 스위스의 사례를 제시하였다. 무력과 정신의 조화, 중용의 태도가 중요하다는 것은 어떻게 보면 뻔한 주장일 수도 있다. 그러나 이 학생은 주장의 근거를 명확하게 제시하여 독자가 납득할 수 있도록 논리를 전개하였다. 이렇게 근거가 분명하면 독자가 반박하기 힘들기 때문에 글쓴이의 주장을 수용할 가능성이 높아진다.

이 학생은 논리적인 설득 전략만이 아니라 감성적 설득 전략도 활용하고 있다. "현실적으로 선이 악을 이기기 힘들듯이 힘없는 정의는 무력에 무너져 내리기 십상이다."라는 경구를 활용해서 비폭력주의의 한계를 지적하고 있다. 또한 "독립 과정에서 간디가 지도자로서 아주 '이상적이며 고결한' 사상 및 운동을 진행했던 것은 역사서에 넣기에도 보기에도 아주 멋진 일이었던 것이다."라거나, "간디의 사상은 어쩌면 그 '폼'과 '운'에 의해 유명해졌을지도 모르는 것이다." 라는 표현을 사용하여 심리적인 설득 효과를 노리고 있다. 물론 이러한 주장은 입증되지 않은 추론일 뿐이다. 그러나 독자들에게는 장황한 논리적 근거보다 이런 단순한 비유가 더 설득적일 수 있다.

생명공학, 인간에게 이로운가?

권순호(도봉고 2)

오랜 옛날부터 사람들의 꿈 중 하나는 늙어 죽지 않는 것이었다. 물론 모두가 그런 것은 아니다. 하지만 연단술의 발전, 불로초 등은 사람들이 이를 얼마나 원하였는지를 말해 주고 있다. 그런데 생명공학의 발달에 따라 꿈이라고 여겨지던 불로장생의 길에 점차 다가가고 있다. 물론 사람이 죽지 않는다는 것은 불가능할지 모르지만 수명의 연장은 가능하다. 실제로 과거에 비해 우리의 수명은 많이 길어졌다.

생명공학은 이런 수명 연장에만 도움이 되는 것이 아니라 새로운 품종개량도 할 수 있다. 기아에 허덕이는 많은 사람들을 위해 유전자조작을 통한 크기가 큰 옥수수나 토마토 등의 개발이 그 예이다. 식품에 유전자조작을 가하는 것은 부작용을 불러올 수도 있으나 그 성과가 큰 만큼 부작용 해결에 주력해야지, 그 발전의 중지는 타당하지 않다. 식품 외에도 기존에 없는 꽃을 만들어 판매하는 등 생명공학은 큰 경쟁력이 된다. 이런 생명공학의 시장 규모는 우리가 생각하는 것 이상으로 커지고 미래 사회의 주요 기술이 될 것이라 생각된다.

암, 심부전증, 척수 손상으로 인한 장애 등 고치기 힘들다고 여겨졌던 병들이 생명공학을 통해 치료법들이 연구되고 있다. 윤리적 문제나 부작용 문제가 심한 배아 줄기세포 말고도 성체 줄기세포, 체세포를 이용한 줄기세포 연구는 유전적 기형의 위험이 없고 거부반응도 적으며 생명을 해치지 않는 기술이다. 이 기술 중 제대혈은 백혈병 환자에게 많이 이용되고 있고 지금 시술도 하고 있다. 미국에서는 2004년 보고서에서 60여 종의 난치병 치료제가 임상실험 중이며 300여 종은 연구 중이라고 한다.

생명공학은 우리가 생각한 것 이상으로 우리 생활에 많은 이로움을 주고 있다. 산업화로 파괴된 오존층 복원이나 멸종된 동식물 복원에도 이용될 것이며, 우리의 건강권을 보장해 줄 기술이다. 어느 과학기술이나 악용될 가능성은 있다. 생명공학의 악용은 정말 큰 사회문제를 야기할 수 있다. 그렇다고 그 발전을 멈추는 것은 구더기 무서워 장 못 담그는 격이다. 과학자들을 감시하고 규제할

제도 장치의 마련도 과학 발전과 함께 이루어져야 할 것이다. 이런 규제 속의 발전은 우리를 좀 더 안전히 보호해 주면서 건강하고 쾌적하며 긴 삶을 줄 것이다.

이 학생이 제시한 논거를 정리해 보면 첫째, 생명 공학은 인간의 수명을 연장시켜 주는 기술이며 여러 가지 질병을 치료해 줄 수 있다. 둘째, 유전자조작 식품을 만들어 식량 문제를 해결할 수 있고, 셋째, 새로운 품종을 만들어 수익을 창출할 수 있으며, 넷째, 환경을 복원하거나 동식물을 복원하는 기술로 사용할 수 있다. 마지막으로는 상대측의 반론을 고려해서 생명공학의 악용을 막기 위해서 과학자들을 감시하고 규제하는 제도 장치를 마련해야 한다고 대안까지 제시했다.

전체적으로 보면 논리 전개나 논거의 제시가 적절하다고 할 수 있다. 하지만 서두에서 '생명공학이란 무엇인가'에 대한 정의를 명확하게 내리지 않고 바로 찬성 근거 제시로 넘어가 버렸다. 이 학생이 말하는 생명공학은 유전자조작 식품이나 품종개량에 이르기까지 그 범위가 매우 넓다. 그러나 최근에 생명공학에서 논쟁이 제기되고 있는 것은 주로 인간의 생명을 다루는 기술들이다. 특히 배아 줄기세포 연구가 몰고 온 파장으로 인해 생명공학의 기술 자체가 윤리적 논란에 휩싸이게 된 것이다. 이 쟁점은 굉장히 중요한 쟁점인데도 불구하고 "구더기 무서워 장 못 담그는 격"이라는 말로 두리뭉실하게 넘어가고 말았다.

이 학생은 생명공학이 인간의 생명을 연장시키고 환경문제를 해결할 수 있는 기술이라는 점을 강조했다. 그러나 이런 내용은 이미 많은 사람들이 알고 있는 것들이라 크게 새롭지 않다. 중요한 것은 인간의 생명을

연장시키려는 기술이 오히려 인간을 더욱 비인간적으로 만들고 있다는 문제 제기이다. '생명공학은 인간에게 이로운가'라고 하는 논제가 발생한 것도 바로 과학기술의 비윤리성 때문이다. 찬성의 입장에 서 있다면 생명공학이 비윤리적이라는 반론에 대해서 충분히 반박할 수 있어야 한다. 따라서 제도적 장치를 마련하면 된다는 식으로 간단히 언급하고 넘어갈 것이 아니라 오히려 이 부분에 좀 더 주력할 필요가 있다.

쟁점이 분명한 논제에 대해서 쓰려면 먼저 문제의 성격이 무엇인지를 명확하게 하는 것이 중요하다. 용어의 정의로부터 시작하든지 논제가 발생한 배경에 대해 언급하든지 해서 문제의 성격을 분명히 한 다음, 쟁점 하나하나를 다루어 나가야 한다. 또한 쟁점을 다룰 때는 상대측 논거를 충분히 고려해서 논지를 펼쳐야 한다. 충분히 예상되는 반대 주장을 무시하고 자기주장만을 반복하게 되면 그만큼 설득력이 떨어지는 것이다. 논제가 안고 있는 여러 가지 측면을 충분히 검토한 다음에도 자신의 주장이 타당하다는 것을 입증할 때 글의 설득력은 높아진다.

1. 다음 글을 읽고 글쓴이가 반대 측 의견을 설득하기 위해 제시한 근거가 무엇인지 분석해 보자.

9시 등교 찬성

　나는 등교 시간을 아침 9시로 늦춘 것에 대해 찬성한다. 등교하는 데 걸어서 30분이 걸리는 나로서는 매우 고마운 등교 시간 변경이다. 전에 8시 20분까지 등교할 때는 집에서 7시 50분 전에 나와 열심히 걸어야만 겨우 지각을 면하고 학교에 올 수 있었고, 버스를 타더라도 일찍 집에서 나오지 않으면 버스를 놓치기 일쑤였다. 하지만 이 9시 등교 정책이 시행된 이후에는 더 이상 아침을 시간에 쫓기며 보내지 않게 되었다. 8시 30분에 나와도 지각을 면하기 때문에 아침을 좀 더 여유롭게 보낼 수 있게 된 것이다.

　다음으로는 아침을 매일 먹고 학교에 올 수 있게 되었다. 이전에는 촉박한 시간 때문에 아침을 먹지 못하거나 먹어도 조금만 먹고 집을 나와야 했고, 특히 늦잠 자는 날에는 아침은 생각지도 못하고 얼른 씻고 학교에 가야 했다. 하지만 9시 등교가 되면서 아침에 집에서 보낼 수 있는 시간이 늘어나며 아침을 먹는 시간도 자연스럽게 늘어나게 되어, 매일 아침을 먹고 학교에 오니 전보다 수업 시간에 배고프다는 느낌은 많이 안 받는 것 같다.

　마지막으로 아침에 40분이라는 자율 시간이 늘어나면서 이 시간을 활용할 수 있게 되었다. 8시 20분까지 등교하는 것보다 40분 뒤인 9시에 등교하며 이 시간 동안 학교를 빨리 오는 학생들은 자신이 하고 싶은 독서나 공부, 게임 등을 할 수 있게 되어 예전보다 시간을 의미 있게, 하고 싶은 걸 하며 보낼 수 있게 되었다.

9시 등교를 반대하는 사람들이 많을지도 모른다. 그러나 그들은 9시 등교를 시행하기 전에 자신들의 아침이 어땠는지 생각해 봐야 한다. 여유롭게 보내지도 못하고 아침도 잘 못 먹고 학교에 오자마자 공부해야 했던, 바쁘기만 한 아침을 좋아할 사람은 아무도 없다.

2. 이 글의 주장에 대해 반박하는 논거, 또는 글쓴이 입장에서 반대 의견에 대해 반박하는 내용을 만들어 보자.

08

내가 아는 것을
너도 알 수 있게

정보 전달 글쓰기 —

정보 전달 글쓰기는 내가 아는 정보를
상대방이 잘 이해할 수 있도록 하는 데 목적이 있다.

일상생활에서 가장 많이 하는 언어활동 중의 하나가 바로 정보 전달하기이다. 어제 본 영화나 드라마 이야기를 친구에게 전하는 것도 정보 전달이고, 자신이 읽은 책 내용을 소개하거나 자신이 좋아하는 가수에 대한 이야기를 친구들에게 하는 것도 정보 전달이기 때문이다. 결국 우리의 언어생활은 정보 전달로 구성된다고 할 수 있다.

정보 전달 글쓰기는 대상에 대해 내가 아는 정보를 상대방이 잘 이해할 수 있도록 하는 데 목적이 있다. 따라서 내가 알고 있는 정보 중에서 상대방에게 유익한 정보를 선정해야 하며, 이것을 상대방이 잘 이해할 수 있도록 구조화해서 표현하는 것이 중요하다. 우리는 낯선 사람에게 길을 알려 줄 때 "이 길로 곧장 가다 보면 큰길이 나오는데 거기서 우회전하면 됩니다."라는 식으로 안내하는 경우가 많다. 그런데 길을 물어본 낯선 사람의 입장에서 보면 이것은 대단히 막연한 대답이다. 낯선 사람의 입장에서는 곧장 간다는 것이 어느 방향으로 얼마만큼 간다는 것인지 알 수 없으며, 큰길이 어느 정도의 너비를 말하는지도 판단하기가 어렵기 때문이다.

정보 전달 글 중에서 대표적인 유형의 하나는 바로 상품 사용 설명서이다. 각종 제품을 구입했을 때 제공되는 사용 설명서는 제품을 처음 구입한 사람이 그 내용만 보고도 충분히 제품을 사용할 수 있도록 쓰여져 있다. 만일 사용 설명서의 내용이 잘못 구성되어서 그 내용대로 따라 했는데도 제품을 사용할 수 없다면 그 제품을 만든 회사는 고객들로부터 심각한 항의를 받게 될 것이다. 제품 사용 설명서에 시각 자료를 많이 활용하는 이유도 고객이 내용을 보다 쉽고 정확하게 이해할 수 있도록 하기 위한 전략이라고 할 수 있다.

다음은 '자신이 가장 소중하게 여기는 물건을 정해서 이것을 잘 모르는 사람에게 설명하는 글을 써 보라.'는 과제로 학생들이 쓴 글이다. 학생들이 어떻게 설명하는지 살펴보자.

만년필

박지민(창동중 2)

내가 가장 소중하게 여기는 물건은 아빠가 사 주신 만년필이다. 이 만년필은 나의 생일 때 주신 것이다. 이 만년필을 사 주신 이유는 나중에 이 비싼 만년필로 서류결제 사인란에 멋있게 사인하라고 사 주셨다. 어느 정도 위치에 올라간 사람들이 사인란에 사인할 때 쓰는 펜이라고 하셨다. 너무 아까워서 별로 써 보질 못했다. 나는 이 만년필을 나중에 나의 꿈인 경찰이 되어서 써야겠다. 경찰이 서류결제 사인란에 사인할 일이 있을지는 의문이지만 어느 정도 위치에 올라가면 쓸 날은 있으리라 생각한다. 아빠가 깊은 뜻을 가지고 이렇게 좋은 생일 선물을 주신 것에 감동도 받았고, 나도 어느 정도 높은 자리에 올라가기 위해 노력해야겠다는 생각도 하였다. 이 만년필은 지금 함부로 쓰지 않고 어른이 되어서 써야겠다. 이런 선물을 주신 아빠에게 감사하다.

이 학생의 글을 보면 아빠가 만년필을 선물한 뜻은 이해할 수 있지만 그 만년필이 어떤 만년필인지에 대해서는 전혀 알 수가 없다. 글쓴이 자신은 아빠가 생일 선물로 사 준 만년필을 갖고 있으니까 어떤 것인지 잘 알겠지만 독자 입장에서는 그냥 만년필이라고만 해서는 그것이 어떤 만년필인지 알 수가 없다. 세상에는 다양한 만년필이 있는데, 그중에서 높은 자리에 올라가서 사인을 할 수 있는 만년필이 어떤 것인지 독자는 궁금하다. 그런데 글쓴이는 이런 독자의 궁금증은 고려하지 않고, 자신의 꿈을 소개하고 꿈을 이루기 위해서 노력해야겠다는 다짐으로 글을 끝내고 있다. 정보 전달 글이라기보다는 오히려 생활글이나 일기 같은 느낌을 준다.

선물 상자

안성주(영덕중 2)

보통 선물을 받게 되면 포장지나 선물 상자보다는 그 속에 담겨진 물건들을 더 소중히 여기기 마련이다. 그러나 내게 가장 소중한 물건은 바로 선물 상자이다. 작년 2월, 베프라고 할 만큼 가장 친한 친구가 생일 선물로 내게 큰 선물 상자를 주었다. 나는 친구의 선물에 깜짝 놀랐다. 물론 내가 갖고 싶어 했던 것들이 안에 담겨져 있어서 좋았지만 가장 감동을 받은 것은 바로 선물 상자였다.

예쁘거나 귀여운 그런 선물 상자도 아닌 투박한 나무상자였다. 그러나 그 투박한 나무상자에 내가 엄청 좋아했던 기성용 사인 20개쯤을 직접 하나하나 인쇄하고 자르고 코팅을 해서 붙여 놓았다. 그리고 그 가운데에는 내 사진과 기성용 사진을 합성한 재미있는 사진도 붙여져 있었다. 하지만 이것이 끝이 아니다. 선물 상자의 앞면에 기성용 사진들이 있었고, 뒤에는 내가 좋아했던 현재 오빠 사진 여러 개를 붙여서 하트를 만들어 놓았다. 이뿐만 아니라 친구가 LG트윈스 사진과 함께 선물 상자 내부에 빽빽하게 손편지를 적어 놓았다. 이 선물 상자는 내가 받은 수많은 선물 중 단연 최고였다.

사진을 하나하나 인쇄하고 자르고 코팅하고 붙이는 데 얼마나 많은 시간과 노력을 기울였을지 감히 짐작도 하지 못할 것 같다. 나는 이 선물 상자를 받으면서 사진에도 엄청난 감동을 받았지만 '나'를 이렇게 사랑해 주고 좋아해 주는 친구가 지금 내 곁에 있다는 것이 무척 기쁘고 고맙고 행복했다. 과연 내가 이런 과분한 사랑을 이 친구로부터 받을 자격이 되는 사람인지 확신하진 못하겠지만 나도 친구에게 받은 과분한 사랑만큼 친구를 더욱더 사랑해 줘야겠다고 생각하게 되었다.

이 학생은 친구가 선물해 준 선물 상자가 어떻게 생겼는지 자세히 설명을 해 주고 있어서 독자가 쉽게 이해할 수 있도록 했다. 또한 선물 상자를 받았을 때의 느낌과 생각도 구체적으로 표현하여, 이 선물 상자를 받았을 때 글쓴이의 기분이 어떠했는지 쉽게 짐작할 수 있다. 물론 코팅된 기성용 사진이나 현재 오빠의 사진, 상자 안에 붙여진 손편지의 내용 등에 대해서 좀 더 자세히 설명을 덧붙이고, 선물을 받았을 때의 느낌을 반복해서 표현한 것을 줄였더라면 훨씬 더 좋았을 것이다. 어쨌든 이 학생은 소개 대상과 자신의 느낌을 독자가 이해할 수 있도록 했다는 점에서 앞의 글에 비해 좀 더 정보 전달 글의 목적에 충실한 편이라고 할 수 있다.

정보 전달 글은 그 정보에 대한 자신의 생각과 느낌을 전하기 전에 정보 그 자체의 구조와 체계에 맞게 객관적으로 소개하는 것이 중요하다. 정보의 내용이나 구조를 잘 이해하도록 하기 위해서는 다양한 설명의 방법을 사용한다. 묘사, 비교 · 대조, 분류, 분석, 예시, 정의 등은 상대방이 정보를 잘 이해할 수 있도록 하는 방법들이라고 할 수 있다. 이러한 방법들은 정보의 내용이나 구조에 따라 선택하여 활용할 수 있다.

차에서 내려 사과나무 한 그루에 좀 더 가까이 다가가 본다. 나무라고 하기에도 어색할 정도로 낮은 키의 나무들은 나의 눈높이에 딱 맞았다. 처음 보는 사과꽃에 다가가 꽃을 느껴 본다. 크기도 모양도 제각각인 사과꽃 더미는 향기가 진하지 않다. 코를 가져다 대고 킁킁거려야 찡긋한 꽃향내가 살짝 공기를 스칠 정도다. 아직 제 모습을 보이기 부끄러워 분홍빛을 한 새끼손톱만 한 봉오리들과 핀 지 얼마 되지 않은 봉오리의 분홍빛이 채 사라지지 않은 사과꽃들 틈에서 새하얀 사과꽃이 함께 어울려 흐드러지게 피어 있다.

티 없이 하이얀 -마침 머리 위 하늘을 떠다니는 구름과 비교해

보아도 훨씬 더 깨끗하고 선명한- 흰 빛깔은 봄 햇살을 받아 더욱 더 맑다. 이파리의 초록 빛깔도 싱그럽다. 얇은 나뭇가지에 여러 개가 매달려 있는데, 손바닥 반만 한 정도의 크기이다. 촉감은 살짝 까실한데 봄 햇살 덕분인지 반짝반짝 윤이 나 겉보기에는 맨들맨들해 보인다. 순백의 꽃잎 다섯 개와 그 가운데 노란 빛의 암술이 주는 느낌은 화려하지는 않지만 보고 또 봐도 질리지 않는 그런 묘한 매력이 있어 나는 쉽사리 그 곁을 떠나지 못했다.

　이 글은 한 대학생이 사과꽃 축제에 다녀와서 쓴 기행문의 일부이다. 사과꽃의 모습을 자세히 묘사해서 보여 주고 있다. 그런데 사과나무에 대한 정보는 '낮은 키'라는 정도의 정보밖에는 없고, 사과꽃에 대한 정보도 "얇은 나뭇가지에 여러 개가 매달려 있는데, 손바닥 반만 한 정도의 크기다."와 "순백의 꽃잎 다섯 개와 그 가운데 노란 빛의 암술" 정도의 정보가 단편적으로 제시되어 있을 뿐이다. 이러한 정보로는 사과나무가 어떻게 생겼는지, 사과꽃은 그 나무에 어떻게 달려 있는지 제대로 이해하기 어렵다. 사과꽃이 주는 느낌을 묘사하는 데 급급해서 정작 사과꽃에 대한 정보를 제대로 전달하지 못하고 있다. 대상에 대한 정보를 먼저 자세히 소개하고, 그다음에 자신의 느낌이나 감상을 제시해야 독자가 제대로 이해할 수 있다.

이 글에서는 전달하고자 하는 것이 사과꽃의 모습이나 사과꽃이 피어 있는 장면이었기 때문에 묘사의 방법을 사용해서 전달했다. 그러나 전달하고자 하는 대상이 물건이나 제품이라면 비교·대조나 분석의 방법을 사용할 수 있을 것이고, 정책이나 개념일 경우에는 정의나 예시의 방법을 사용할 수 있을 것이다. 또한 전달하고자 하는 대상이 어떤 사건일 경우에는 원인과 결과의 방법을 사용하는 것이 효과적일 것이다. 이처럼 정보 전달 글에서는 전하고자 하는 정보의 성격에 따라 다양한 설명의 방법을 사용할 수 있다.

1. 다음은 "작품「만선」을 읽고 누군가에게 소개하는 글을 써 보도록 합시다."
라는 과제로 쓴 것이다. 두 글의 내용을 분석해 보고, 어느 글이 소개하는 목
적에 부합하는지 이야기해 보자.

(가)

「만선」은 무대 상연을 전제로 하는 희곡이야. '천승세'라는 작가
가 쓰셨어. 여기에는 주인공인 어부 곰치와 그의 아내 구포댁, 이
들의 자녀 도삼이와 슬슬이, 곰치의 벗 성삼이, 도삼이의 벗 연철,
악덕 선주 임제순 등이 등장을 하지. 「만선」은 악덕 선주 임제순
때문에 많이 힘들지만 이를 극복하려는 곰치를 그리고 있어.

내가 가장 인상 깊었던 장면은 곰치의 아내 구포댁이 자신의 갓
난아이를 바다에 떠나보낸 장면이야. 이 장면을 통해 어떻게든 이
갓난아이를 뱃사람이 될 숙명의 굴레에서 벗어나게 하려는 어머
니의 강한 의지가 보였어. 하지만 이 아이를 떠나보낼 때의 어머니
의 마음이 어떨지 참 안타까웠어.

(나)

「만선」은 만선을 바라는 곰치와 선주인 임제순의 횡포로 갈등
이 시작돼. 만선을 기대하는 곰치는 임제순과 불공정한 계약을 맺
고 사나운 바람에 맞서 아들 도삼이와 아들의 친구이자 딸의 남자
친구인 연철을 데리고 바다로 나갔다가 바람에 휩쓸려 배가 전복
되고, 결국 자신만 간신히 살아서 돌아와. 한번 아들을 잃은 경험
이 있는 구포댁은 만선에 미쳐 갓난아이가 열 살이 되면 배를 태
울 것이라는 곰치의 말을 듣고 곰치 몰래 아이를 배에 태워 육지

로 보내 버려. 마지막 아이까지 잃어버릴 거란 느낌이 들었기 때문이지. 빚을 갚을 처지가 되지 않자 딸 슬슬이를 50세인 범쇠에게 시집을 보내려고 해. 범쇠는 배도 있고, 경제적으로 부유했거든. 남자 친구인 연철이 죽고 범쇠에게 시집가야 할 처지가 돼 버린 슬슬이가 결국 스스로 죽음을 선택하면서 이야기는 끝이 나.

나는 슬슬이가 죽음을 택한 장면이 가장 인상에 남아. 아버지의 욕심으로 인해 남자 친구가 죽어 버리고, 집안을 책임지기 위해 원하지도 않는 결혼을 해야 했던 슬슬이의 운명이 너무 가엾고, 슬슬이의 심정이 조금은 이해가 되어서 그런 것 같아. 슬슬이의 죽음이 단순한 죽음을 의미하지는 않는 것 같아. 너도 꼭 「만선」을 한번 읽어 보길 추천해.

2. 다음은 잃어버린 휴대폰을 찾는 전단지 내용의 일부이다. 이 글에서 알 수 있는 정보에는 어떤 것들이 있는지 찾아서 적어 보자.

> ※ 휴대폰을 찾습니다
>
> 휴대폰을 찾습니다. 기종은 갤럭시 노트3이고 색상은 하얀색입니다. 분홍색 토끼 모양의 실리콘 케이스가 씌워져 있으며, 케이스의 오른쪽 귀퉁이는 찢어져 있습니다. 또 액정 왼쪽에는 노란 스티커가 붙여져 있습니다.
> 경상북도 안동시 송천동에서 4월 28일 저녁 6시경 잃어버렸습니다. 혹시 이 휴대폰을 보시거나 습득하신 분은 010-XXXX-XXXX으로 연락 주시면 감사하겠습니다. 소중한 물건을 애타게 찾고 있습니다.

- 잃어버린 물건 : _____
- 기종과 색상 : _____
- 특징
    1. _____
    2. _____
    3. _____

- 잃어버린 장소와 시간 :
- 연락할 번호 :

3. 위의 내용을 참고로 하여 내가 아주 소중한 물건을 잃어버렸다고 가정하고, 그 물건의 특징을 설명하는 글을 써 보자.

너에게
나를 보여 줄게

자기소개서 쓰기 —

자기소개하기는 상대방에게 자기가 어떤 사람인지 알려 주어
좋은 인상을 갖도록 하는 데 목적이 있다.

낯선 사람을 만나거나 새로운 집단에 참여하게 될 때 우리는 상대방이나 모임 구성원들에게 자신을 소개한다. 낯선 사람들에게 자신을 소개하는 것은 자신에 대한 다른 구성원들의 이해를 도와 좋은 관계를 형성하고자 하는 것에 그 목적이 있다. 자기를 소개하는 글쓰기 또한 상대방에게 자신이 어떤 사람인지를 알려 주어 상대방이 나를 이해하고 긍정적인 인상을 갖도록 하는 데 목적이 있다. 따라서 자기소개서는 자기에 대한 정보를 전달하는 것이면서 다른 한편으로는 자신에 대해 긍정적인 인식을 갖도록 상대방을 설득하는 것이기도 하다.

　회사나 대학 입시에서 요구하는 자기소개서는 그 목적이나 대상 독자가 분명한 글이다. 따라서 상대방이 자기소개서를 통해서 기대하는 바에 맞게 내용을 구성해야 한다. 이를 위해서는 먼저 자기소개서에 대한 독자의 요구가 무엇인지를 자세히 분석해야 한다. 예를 들어 대학 입시에서 요구하는 자기소개서의 경우에는 독자가 대학의 입학사정관이라고 할 수 있을 것이다. 입학사정관이 자기소개서를 통해서 확인하고자 하는 것은 학생이 중등 과정을 다니면서 어떻게 성장해 왔는지, 그 품성과 세계관이 어떠한지, 해당 학과의 적성에 맞는 인물인지를 파악하고자 하는 것이다. 따라서 대학 입시에서 요구하는 자기소개서를 쓸 때는 대학의 요구를 반영해서 그 목적에 맞게 쓸 필요가 있다.

그러나 실제로 학생들이 쓴 자기소개서를 보면 이러한 독자의 요구를 고려하지 않고 자기가 하고 싶은 이야기 중심으로 쓴 경우가 많다. 심지어 과거의 화려한 수상 경력을 나열하며 자기가 얼마나 훌륭한 사람인지를 자랑하는 경우도 적지 않다. 대학이나 회사에서 알고 싶은 것은 학생의 인성이나 태도, 전공 및 회사 업무에 대한 생각이나 경험, 해당 전공이나 업무를 위해서 어떤 노력을 했는지 등에 관한 내용일 것이다. 따라서 자기소개서의 내용도 이런 것들을 중심으로 객관적으로 기술할 필요가 있다.

다음은 자기소개서 중에서 자신의 성장 과정에 대해 한 고등학생이 쓴 글이다. 독자인 입학사정관의 입장에서 학생을 이해하는 데 도움이 되는 정보와 도움이 되지 않는 정보가 무엇인지 구분해 보자.

저는 자유로움을 보장해 주는 가정에서 자랐습니다. 공부도 하고 싶은 것을 할 수 있게 지원해 주셨고 공부하기 싫어할 땐 과감히 학원도 그만두고 놀 수 있게 해 주셨습니다. 저는 부족한 것 없이 풍족하게 자라왔으며 고등학교 전까지는 공부에 큰 뜻이 없었습니다. 그러나 저희 부모님께서 저에게 확실히 각인시켜 주신 게 있습니다.

"어떤 일이든 조건을 걸고 하지 말아라."

이 말은 제가 공부할 때 부모님께 성적이 잘 나오면 보상을 달라는 말을 했다가 들은 것입니다. 저는 이 말을 듣고 큰 깨달음을 얻었습니다. 우리 주위에는 자신의 꿈이 없고 부모님이 원하는 대로 공부만 하는 사람이 많습니다. 허나 공부라는 것은 자기 자신을 위해 하는 것입니다. 저는 지금 제 꿈을 향해 한 걸음 다가가기 위해, 그리고 제 자신을 위해 공부를 하고 있습니다. 다른 누군가에게 공부에 대한 보상을 바라지도 않습니다. 노력한 만큼 해 낼 수 있을 테니까요.

그리고 저는 풍요롭게 자라서 제 자신이 특별하다 생각했습니다. 그러나 고등학교에 와 보니 세상은 넓고 저는 평범했습니다. 그렇지만 저는 평범한 채로 남아 있지 않을 것입니다. 지금 제가 할 수 있는 공부를 통해 제 자신을 특별한 존재로 만들 것이며 남들과는 다른, 세상에서 돋보이는 그런 인물이 되도록 열심히 노력하고 있습니다.

이 학생이 제공하고 있는 정보는 자유로운 집안 분위기에서 풍요롭게 자랐다는 것과 보상을 위해서가 아니라 꿈을 위해서 공부해야 한다는 생각을 갖고 있다는 것, 자신을 특별한 존재로 만들기 위해서 열심히 공부한다는 것 등이다. 입학사정관의 입장에서는 학생의 성장 과정을 통해서 그 학생이 어떤 경험을 했는지, 또 그 경험을 통해서 어떤 성품을 갖게 되었는지 알고 싶을 것이다. 그런데 이 글에서는 학생 자신이 어떤 경험을 했는지, 그리고 어떤 성품을 갖추고 있는지 구체적으로 파악하기가 어렵다. 그리고 자유로운 집안 분위기에서 풍요롭게 자랐다는 것이 학생을 이해하는 데 반드시 필요한 내용인지도 의문이다. 또한 꿈을 위해서 공부를 해야 한다는 것이나 특별한 존재가 되기 위해서 공부를 한다는 이야기도 너무나 일반적인 내용이라 이 학생을 이해하는 데 별반 도움이 되지 않는다. 따라서 이 학생이 제시한 자기소개의 내용은 입학사정관의 관심사와는 동떨어져 있거나 매우 추상적이다.

다음은 "고등학교 재학 기간 중 학업에 기울인 노력과 학습 경험에 대해 배우고 느낀 점을 중심으로 기술해 주시기 바랍니다(1,000자 이내)."라는 자기소개서의 항목에 대해 고등학교 3학년 학생이 쓴 초고이다.

즉흥적이었던 공부 방법 때문에 저의 시험 성적은 롤러코스터를 타기 일쑤였습니다. 이를 극복하기 위해 교사 멘토링을 신청했고, 멘토 선생님과 스터디 플래너를 쓰며 계획적으로 공부하는 습관을 들일 수 있었습니다. 그리고 2학년 때 국어와 영어 집중 이수를 신청하였습니다. 집중 이수를 통해 많은 성적 향상을 거두고 싶었기 때문입니다. 하지만 실제 집중 이수를 선택한 학생들이 너무나 적었고 과학을 필수적으로 수강해야 했습니다. 거기에 갑작스레 '굿 프렌드' 활동까지 하게 되며 만족할 만한 성적을 거둘 수 없었습니다. 그래서 더 좋은 성적을 거두기 위해 야자를 신청하여 수업 시간에 배운 것을 스스로 정리하고 예습했습니다. '방과후학교'를 신청하여 부족한 공부도 보충했습니다. 그리고 저의 강점인 사회 과목에서 과학 성적을 만회하려고 노력했습니다. 또한 영어에 대한 자신감을 회복하기 위해 '영어 말하기 대회'에 참가하여 해외 봉사 수기를 발표했습니다. 많은 사람들 앞에서 발표를 하고 나니 영어에 대한 두려움도 많이 사라지고 영어 말하기에 대한 자신감도 생겼습니다. 그리고 논리적인 사고 능력과 말하기 능력을 기르기 위해 독서 논술 토론부를 만들었습니다. 다양한 주제를 가지고 글을 조직하고, 이를 토대로 토론하고 발표하는 훈련을 했습니다. 처음엔 미흡했지만 선생님과 친구들의 피드백을 통해 점점 논리적으로 사고하고 유창하게 말할 수 있게 되었습니다. 여기서 배운 것을 바탕으로 친구들과 팀을 이루어 토론 대회에 참가하였습니다. 모든 시선이 집중된 가운데 발언하는 것이 떨렸지만 많은 연습을 했기 때문에 잘 마칠 수 있었고, 결국 교내 토론 대회 금상을 수상하였습니다. 그때 학습하고 단련한 것이 인정받을 때 그 기쁨이 얼마나 값진 것인지 깨닫게 되었고, 이를 계기로 더욱 학업에 매진하여 3학년 과목 화법과 작문, 독서와 문법, 윤리와 사상에서 1등급을 받았고, 화법과 작문과 윤리와 사상에선 교과 우수상을 수상하였습니다. 그 외에도 논술 경시 대회에서도 은상을 받으며 졸업식 날 당당하게 교단에 설 수 있었습니다.

이 글을 입학사정관의 입장에서 읽었을 때 어떤 정보가 유익한 정보라고 생각할까? 이 학생은 자신이 공부를 열심히 했고 여러 가지 활동도 많이 했으며, 각종 상을 수상했다는 것을 구체적으로 자세히 소개하고 있다. 이러한 정보는 이 학생이 열심히 공부하는 학생이라는 인상을 주기에는 충분하다고 할 수 있다. 그런데 공부를 열심히 했고 성적이 좋아서 각종 상을 수상했다는 사실은 학생 생활 기록부를 통해서도 파악할 수 있는 내용이다. 또한 자기소개서를 쓰는 학생들 대부분이 열심히 공부하고 여러 가지 활동을 했으며, 각종 상을 휩쓸었다. 그렇다면 이런 내용의 나열만으로는 입학사정관에게 강렬한 인상을 심어 주기가 어렵다.

게다가 자신의 수상 실적이나 업적을 나열하는 것은 자칫 자기 자랑으로 비칠 수 있다. 만일 어떤 사람이 새로운 모임에 와서 자기소개를 하는데 자신의 활동이나 업적을 길게 나열한다면 어떤 인상을 주겠는가? 그 사람이 유능한 사람이라는 인식을 줄 수 있을지는 모르지만 좋은 인상을 주기는 어려울 것이다. 자기 자랑으로 흐르지 않기 위해서는 자신이 한 활동과 함께 그 활동 과정에서 자신이 배운 것이 무엇인지, 깨닫고 성장한 것이 무엇인지를 소개해야 한다. 더 중요한 것은 업적이나 수상이 아니라 정신적으로 얼마나 성숙했는지, 자신의 생각과 태도를 보여 주는 것이다.

다음은 "자신의 성장 과정과 환경이 자신의 삶에 미친 영향에 대해서 쓰시오."라는 질문에 대해 어떤 학생이 쓴 글이다.

새벽 5시, 저희 집 불이 밝는 시간입니다. 아버지께서는 영어를, 어머니께서는 유아교육을 아침 일찍 일어나 공부하셨기 때문입니다. 부모님께 일하면서 공부하는 것이 힘들지 않느냐고 여쭤 본 적이 있습니다. 그러자 부모님께서는 자신이 하고 싶은 일을 하기 위한 것이기 때문에 힘들기보다는 오히려 즐겁다고 말씀해 주셨습니다. 7살이었던 저는 그 말을 이해하기 어려웠습니다. 중3 때 외국어를 좀 더 배우고자 외고 진학이라는 목표를 세웠습니다. 외고에 진학하고 싶다는 목표를 세우고 난 후, 새벽에 일어나서 매일 1시간씩 영어 공부를 했습니다. 이 습관은 다른 사람들보다 1시간씩 더 살고 있는 느낌이 들게 했습니다. 친구들이 제게 새벽에 일어나는 것이 힘들지 않느냐고 물어보면 저는 늘 괜찮다고 대답했습니다. 겉으로는 피곤해 보였을지 몰라도 저는 정말로 외고에 진학하기 위해 영어를 공부하고, 자기소개서를 쓰고, 친구들과 면접을 준비하는 과정이 즐거웠습니다. 저는 외고 진학을 준비하는 과정을 통해 부모님께서 평생 실천을 통해 보여 주신 가르침의 의미를 되새길 수 있었습니다. '목표'와 '노력'은 사람에게 '힘'을 준다는 것, 목표를 향해 꾸준히 노력한다면 그 목표에 언젠가는 닿게 될 것이라는 사실을 말입니다.

사실 저는 제가 처음으로 세운 목표였던 외고 진학에 실패했습니다. 세상의 모든 것을 다 잃은 듯 우울해 하던 제게 아버지께서는 "외고 진학은 네 목표의 끝이 아니라 네 목표를 향한 하나의 과정에 불과하다."라는 문자 한 통을 보내 주셨습니다. 이 문자를 통해 제가 진정으로 하고 싶었던 일은 영어 공부라는 것을 되새겼습니다. 더불어 영어를 배우는 것에 대한 설렘은 잃어버린 채 외고 진학에 실패했다는 것 때문에 스스로를 자책하고 있는 제 모습을 반성했습니다. 또한 외고 진학 실패는 고교 생활 내신을 성실하게 관리하는 동기가 되었습니다. 이후 매 순간을 즐기고 노력한다면 목표를 이룰 수 있다는 제 가치관이 확고해졌고, 이는 제 성실한 고등학교 생활의 원동력이 되었습니다.

이 학생의 글에서는 부모님의 생활신조가 잘 드러나 있고 이러한 가정환경이 학생에게 어떤 영향을 미쳤는지가 분명히 확인된다. 목표를 향해 성실하게 노력하는 부모님의 태도가 학생에게도 좋은 영향을 미쳐 목표를 위해서 꾸준히 노력하는 태도를 갖도록 했음을 알 수 있다. 또한 외고 진학에 실패했다는 것이 자랑은 아니지만 그 계기를 통해서 보다 성숙한 자세를 갖게 되었음을 보여 주고 있다. 성공담의 나열보다는 이런 이야기가 더 입학사정관의 마음을 움직일 가능성이 높다. 과장되지 않은 솔직하고 진지한 태도가 오히려 독자에게 좋은 평가를 받을 가능성이 높기 때문이다.

자기를 소개하는 것은 상대방에게 자기가 어떤 사람인지를 알려 주는 데 목적이 있다. 따라서 상대방이 관심을 갖는 부분에 대해서 자신이 어떻게 생각하는지 혹은 자신이 어떤 경험을 해 왔는지를 알려 주면 된다. 소개하고자 하는 목적이나 해당 분야를 넘어서 자신의 능력이나 장점을 장황하게 나열할 경우 자칫 자기 자랑으로 흐르기 쉽다. 이것은 대학 입학시험이나 회사의 입사 시험 같은 공식적인 상황만이 아니라 동아리나 친목 모임 같은 비공식적인 상황에서도 마찬가지다. 동아리나 친목 모임이라 하더라도 장황하게 자기 자랑을 늘어놓는 것보다는 그 모임의 목적이나 성격과 관련한 자신의 경험이나 생각을 들려주는 것이 좋다.

1. 다음 글은 어떤 상황에서 자기소개를 한 것인지 추측해 보고, 소개하고자 하는 목적에 맞게 내용을 선정한 것인지 평가해 보자.

선택의 기로에서 한 걸음

여러분 안녕하십니까? 저는 국어교육학과 신○○입니다. 인생의 새로운 출발을 여러분과 함께하게 되어 기쁩니다.

여기 계신 분들 중 많은 분들이 오래전부터 선생님이 되고 싶어 사범대학에 진학했을 거라 생각합니다. 여러분이 다른 사람을 가르치는 것에 보람을 느끼고, 전공 과목을 좋아해서 사범대학에 진학하셨다면 저는 여러분과 조금 다른 이유로 사범대학에 진학했습니다. 저는 저의 은사님처럼 되고 싶어서 사범대학에 진학했기 때문입니다.

저는 원래 선생님을 목표로 하지 않았습니다. '빅앤트'라는 광고 회사의 CEO이자 크리에이티브 디렉터인 박서원 씨를 롤모델로 삼아 광고인이 되고 싶었습니다. 늦은 밤까지 계속되는 자습 시간에도 빅앤트에서 일하고 있는 저의 모습을 상상하며 공부에 집중했습니다. 그러나 계속되는 입시 스트레스로 인해 몇 번이나 위염에 걸렸습니다. 아무것도 먹을 수도 없고, 교실에 앉아 집중해서 공부도 할 수 없는 악순환이 반복되었습니다. 다른 친구들이 교실에 앉아 공부를 할 때 혼자 보건실에 누워 있었습니다. 속상한 마음을 누군가에게 털어놓고 싶은데 마땅한 사람이 없어 고민하고 있던 중에 중학교 3학년 때 담임 선생님이 생각났습니다. 학생들을 친자식처럼 생각하시던 선생님이라면 제 고민을 털어놓을 수 있겠다는 생각에 무작정 선생님께 연락을 했습니다. 지금 뵐 수 있겠냐는 저의 물음에 흔쾌히 알겠다고 대답하시고 저를 데리러 오셨습니다. 선생님께 고민을 털어놓고 위로를 받으며 용기가 생기고 마음이 따뜻해지는 것을 느꼈습니다. 어떤 일이든 하고 싶은 일을 하는 게 중요하다는 선생님의 격려를 마음속에 새기며 어렴풋이 선생님처럼 제자들에게 위로가 되는, 용기가 되는 선생님이 되는 것도 좋겠다고 생각했습니다.

수능이 끝난 후 대입 원서를 써야 할 때가 오자 저는 치열하게 고민했습니다. 불안정한 광고인의 길보다는 안정적인 길을 원하시던 부모님과의 갈등을 어떻게 해야 할지 몰랐습니다. 그 때 문득 제게 용기를 주시던 중학교 3학년 때 담임 선생님의 모습을 보며 선생님이 되는 것도 좋겠다고 생각했던 제 모습이 떠올랐습니다. 진로를 선생님으로 선택한다면 제 자신도, 부모님도 모두 만족할 수 있을 것 같았습니다. 그래서 대입 원서를 모두 사범대학에 냈고, 안동대학 국어교육과에 합격하여 여러분과 함께 이 자리에 있을 수 있었습니다.

비록 지금의 저는 사범대학에 재학 중이지만 제가 너무나도 걷고 싶었던 광고의 길을 쉽게 포기할 수 없기에 선생님과 광고인 사이에서 여전히 갈피를 잡지 못하고 있습니다. 앞으로 제가 어떤 길로 들어설지는 모르지만 그 길이 어떤 길이든 저는 최선을 다할 것입니다. 제가 어떤 길을 선택하던 여러분과 함께하고 싶고, 서로의 미래를 응원해 줄 수 있는 관계가 되었으면 좋겠습니다. 앞으로 잘 부탁드립니다.